国家自然科学基金面上项目（71272094）
中国博士后基金（2018M631827）
辽宁省社科规划基金（L18BGL037）

商业模式创新与管理系列丛书

营销洞察与商业模式创新

——基于传统行业成熟企业的案例研究

MARKETING INSIGHT AND BUSINESS MODEL INNOVATION
——BASED ON THE CASE STUDY FROM
TRADITIONAL INDUSTRY ESTABLISHED COMPANIES

王雪冬 ◎ 著

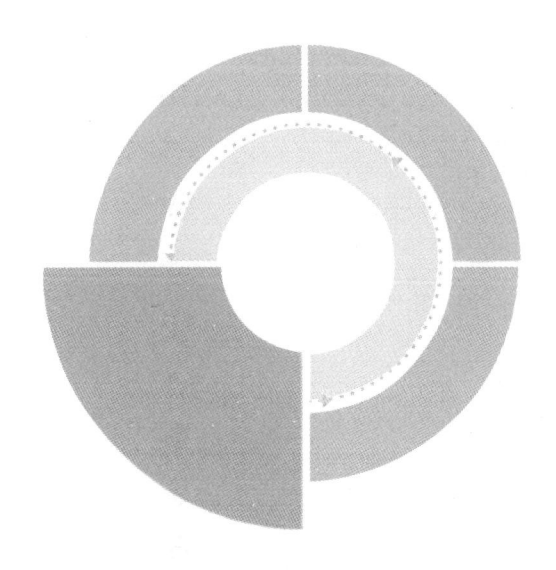

经济管理出版社
ECONOMY & MANAGEMENT PUBLISHING HOUSE

图书在版编目（CIP）数据

营销洞察与商业模式创新：基于传统行业成熟企业的案例研究/王雪冬著. —北京：经济管理出版社，2018.11
ISBN 978-7-5096-5989-2

Ⅰ.①营… Ⅱ.①王… Ⅲ.①市场营销学 Ⅳ.①F713.50

中国版本图书馆 CIP 数据核字（2018）第 206248 号

组稿编辑：申桂萍
责任编辑：梁植睿
责任印制：黄章平
责任校对：王淑卿

出版发行：经济管理出版社
（北京市海淀区北蜂窝8号中雅大厦A座11层　100038）
网　　址：www.E-mp.com.cn
电　　话：(010) 51915602
印　　刷：三河市延风印装有限公司
经　　销：新华书店
开　　本：720mm×1000mm /16
印　　张：11
字　　数：166千字
版　　次：2018年11月第1版　2018年11月第1次印刷
书　　号：ISBN 978-7-5096-5989-2
定　　价：48.00元

·版权所有　翻印必究·
凡购本社图书，如有印装错误，由本社读者服务部负责调换。
联系地址：北京阜外月坛北小街2号
电话：(010) 68022974　邮编：100836

前　言

在当今时代，商业模式创新日益成为创业企业发展壮大和成熟企业转型升级的利器，独特的营销洞察则是商业模式创新的基石，营销洞察引导原本处于弱势地位的二线企业通过商业模式创新实现"弯道超车"，成为一种非常独特的企业实践现象。以陕鼓集团、万达集团、和君咨询为代表的传统行业成熟企业，原本是处于劣势地位的二线企业，却通过商业模式创新完成了对同行业原领导者的超越。这些传统行业商业模式创新企业都有超越行业共识的营销洞察，相比同行业原领导者极大地提高了顾客价值。同时，与同行业原领导者遵循目前现有常规营销学理论不同，商业模式创新企业的营销洞察实践与目前常规营销学理论存在诸多不一致之处。可见，商业模式创新中营销洞察是一个亟待探索的特殊企业实践现象。营销洞察是商业模式创新的源头、起点和首要决定因素，也是营销学者本应关注的核心议题。然而，营销学者却在商业模式研究中缺位，商业模式学者则将营销洞察默认为既成事实而予以忽略。在此背景下，以传统行业为背景，探讨"商业模式创新中营销洞察问题"就十分必要。对该问题的研究可以进一步充实营销学关于顾客价值这部分理论和有效方法，并指导传统行业企业更高效地发现独特的顾客价值，实现商业模式创新转型，因而具有一定的理论意义和较强的实践价值。

本书作为一个探索性案例研究，以传统行业的商业模式创新企业和同行业原领导者作为对比案例研究对象，重点探讨"商业模式创新中营销洞察过程是什么"的问题。在对比性多案例的复制逻辑以及扎根理论的归纳式分析过程中，本书发现，商业模式创新中营销洞察过程由双元营销导向演变过程、边缘顾客、MCC 流程三个要素所构成，而营销学中营销洞察过程则由单一营销导向演变过程、主流顾客、STP 流程三个要素所构成，并最终形成如下结论和创新点：

（1）双元营销导向演变过程是商业模式创新中营销洞察过程的主要营销导向。驱动市场导向是商业模式创新中营销洞察过程与传统营销学中营销洞察过程的关键区别。企业家对企业的市场导向类型有重要的影响作用，企业生存危机则是企业究竟会采用驱动市场导向还是市场驱动导向的条件。尽管都有超一流的企业家，但只有面临强烈生存危机的企业，才更可能采用驱动市场导向；企业生存危机越弱，越可能采用市场驱动导向。该发现丰富了商业模式创新理论，也丰富了营销学已有的相关研究成果。

（2）边缘顾客是商业模式创新中营销洞察过程的靶向顾客。边缘顾客是独特营销洞察的源泉，商业模式创新企业面向边缘顾客获取信息，实现了顾客价值颠覆。该发现突破了营销学过于强调主流顾客的局限，拓宽了营销学关于营销洞察的视野。

（3）MCC 流程是一个较之营销学 STP 不同的顾客价值分析流程。在营销洞察过程的分析流程环节，商业模式创新企业通过多边顾客、市场联结、顾客价值簇的 MCC 流程选择目标顾客和界定顾客价值，而顾客需求互补性、资源外生假设、问题导向是 MCC 流程背后的逻辑假设。该发现丰富了商业模式创新方法的研究成果，也拓展了营销学的 STP 流程理论。

目　录

第一章　绪论 ……………………………………………………… 1

第一节　研究背景与选题 ……………………………………… 1
一、现实背景 …………………………………………………… 1
二、理论背景 …………………………………………………… 3
三、问题提出 …………………………………………………… 5

第二节　研究方法、范围与流程 ……………………………… 6
一、研究方法 …………………………………………………… 6
二、研究范围 …………………………………………………… 7
三、研究流程 …………………………………………………… 9
四、逻辑推理过程说明 ………………………………………… 9

第三节　研究意义 ……………………………………………… 12
一、理论意义 …………………………………………………… 12
二、实践意义 …………………………………………………… 13

第四节　本书结构安排 ………………………………………… 14

第二章　理论基础与文献述评 ………………………………… 15

第一节　概念界定 ……………………………………………… 15

一、商业模式创新的概念界定 ················· 15

　　二、营销洞察的概念界定 ··················· 22

　　三、营销洞察与商业模式创新的关系 ············· 25

第二节　营销洞察过程的相关文献述评 ·············· 27

　　一、关于营销导向的相关文献述评 ·············· 27

　　二、关于靶向顾客的相关文献述评 ·············· 33

　　三、关于分析流程的相关文献述评 ·············· 37

第三章　研究设计

第一节　案例设计与案例选择 ·················· 41

　　一、案例设计——对比性多案例 ··············· 41

　　二、案例选择 ······················· 43

　　三、案例企业基本情况 ··················· 49

第二节　数据收集 ······················· 49

　　一、二手资料 ······················· 49

　　二、访谈调研 ······················· 50

　　三、实地调研 ······················· 51

第三节　数据分析 ······················· 52

　　一、数据转化和案例描述 ·················· 52

　　二、扎根理论编码分析 ··················· 53

第四节　信度和效度 ······················ 55

　　一、信度 ························· 55

　　二、构念效度 ······················· 56

　　三、内部效度 ······················· 56

　　四、外部效度 ······················· 57

　　五、理论饱和度 ······················ 57

第四章 双元营销导向演变过程 — 59

第一节 关于"营销导向"的数据分析 — 59
一、开放性编码 — 59
二、主轴编码 — 61
三、选择性编码 — 61

第二节 营销洞察过程营销导向模型的构念阐释 — 63
一、双元营销导向演变过程 — 63
二、单一营销导向演变过程 — 68
三、企业家重视 — 70
四、企业生存危机 — 74
五、顾客价值颠覆、顾客价值提升和顾客价值丰富 — 74

第三节 营销洞察过程营销导向模型的机理分析 — 80
一、企业家重视、企业生存危机对企业市场导向选择的影响 — 80
二、市场导向对营销洞察结果的影响 — 83

第四节 文献对话 — 86
一、对已有理论的延伸和突破 — 86
二、与相似文献的对比 — 88

本章小结 — 89

第五章 边缘顾客 — 91

第一节 营销洞察过程靶向顾客的数据分析 — 91
一、开放性编码 — 91
二、主轴编码 — 93
三、选择性编码 — 94

第二节 营销洞察过程靶向顾客的构念阐释 — 95
一、边缘顾客 — 95

二、主流顾客 ……………………………………………… 98

　第三节　营销洞察过程靶向顾客的机理分析 …………………… 100

　第四节　文献对话 ………………………………………………… 104

　　一、对已有理论的延伸和突破 …………………………… 104

　　二、与相似文献的对比 …………………………………… 105

　本章小结 …………………………………………………………… 106

第六章　MCC 流程 …………………………………………………… 107

　第一节　顾客价值分析流程的数据分析 ………………………… 107

　　一、开放性编码 …………………………………………… 107

　　二、主轴编码 ……………………………………………… 109

　　三、选择性编码 …………………………………………… 110

　第二节　MCC 流程的相关构念阐释 …………………………… 111

　　一、多边顾客 ……………………………………………… 111

　　二、市场联结 ……………………………………………… 112

　　三、顾客价值簇 …………………………………………… 117

　第三节　MCC 流程的逻辑假设 ………………………………… 121

　　一、顾客需求互补性假设 ………………………………… 121

　　二、资源外生假设 ………………………………………… 125

　　三、问题导向假设 ………………………………………… 128

　第四节　文献对话 ………………………………………………… 133

　　一、对现有理论的延伸和突破 …………………………… 133

　　二、与相似文献的对比 …………………………………… 135

　本章小结 …………………………………………………………… 137

第七章　结论 …………………………………………………………… 138

　第一节　研究结论和主要创新点 ………………………………… 138

第二节 实践启示 ·· 140

一、双元营销导向演变过程的实践启示 ················ 140

二、边缘顾客的实践启示 ······································ 141

三、MCC 流程的实践启示 ···································· 142

第三节 研究局限 ·· 143

第四节 未来展望 ·· 144

参考文献 ··· 146

后　记 ·· 162

第一章 绪论

第一节 研究背景与选题

一、现实背景

近年来，商业模式创新日益成为时代所趋。随着计算机和信息技术的发展，特别是互联网的出现，人类社会从传统工业时代进入网络信息经济时代。互联网彻底改变了企业在工业时代相对稳定的经营环境，行业边界开始模糊、产业变迁加快、不确定性增加，许多在传统工业经济时代行之有效的法则已经无法保障企业的生存和持续成长。一些曾经在传统工业经济时代风光无限的企业在新经济时代黯然失色。例如，作为工业经济时代的潮头领导者索尼、松下、东芝、三洋、日立等日本企业在网络信息经济时代集体失语。与此同时，互联网新贵却不断崛起。在互联网领域，Apple、Microsoft、Google、Facebook 等互联网企业先后引领了互联网产业一波又一波的变革浪潮。而以亚马逊、阿里巴巴、新浪、携程等为代表的新兴企业则利用互联网不断整合传统产业。在互联网企业不断崛起和整合传统行业的过程中，"商业模式"成为企业家们阐述完全不同于传统工业经济时代价值规律、描述互联网环境下企业经营运作的一个新兴术语。此后，商业模式创新作为一种新的企业发展方式日益引起企业家们的强烈关注。2005年经济学人智库的调查表明，54%的CEO认为，商业模式创新是比产品和服务创新更为重要的创新方式。IBM商业价值研究机构自2006年以来每两年对全球CEO进行的调查也表明，不同领域的高级管理者都将开发创新性的商业模式作为优先发展的要项。该机构2009年的后续研究还发现，70%的公司正在或试图开展商业模式创新，98%的公司正在一定程度上对原有的商业模式进行修订。显然，商业模式创新已经成为实业界的共识。

商业模式创新不仅对于互联网等新兴创业企业意义重大，对存续时间较长的传统行业成熟企业同样意义非凡。传统行业企业不仅面临互联网企业的崛起和整合，还面临行业内部的激烈竞争。在日益激烈的同质化竞争中，传统行业企业迫切寻求转型升级。在此过程中，传统行业内部的一些企业，特别是中国本土的传统行业企业也逐渐认同并实施了商业模式创新，互联网企业和传统行业商业模式创新企业形成了当下商业模式创新的滚滚洪流。在此过程中，以陕鼓集团、万达集团、和君咨询为代表的传统行业企业作为传统行业内部的商业模式创新典型涌现出来。它们作为过去所在行业内的二线企业甚至三线企业，通过商业模式创新，以颠覆者的形象出现，穿越了已有行业领导者沈鼓集团、万科集团、正略咨询所设置的竞争壁垒，重新点亮貌似已成定局的行业，成为所在行业的新领军企业。例如，万达集团通过"订单地产""城市综合体"等持续的商业模式创新，从一个区域性住宅房地产企业一跃超越万科集团，成为中国商业地产的领军企业；陕鼓集团原本是偏居于西安一隅的三线风机制造企业，却通过"全方位动力设备系统问题的解决方案提供商和服务商"的商业模式创新，从单纯的低端风机制造领域"走出来"，超越沈鼓集团成为中国风机制造行业的新领导者；和君咨询则通过"咨询、资本、商学"一体两翼的商业模式创新从一个濒临破产倒闭的二线管理咨询公司成为中国本土最大、成长最快的咨询巨头。由此可见，商业模式创新不仅对于新兴产业中的创业企业意义重大，对存续时间较长的传统行业中的成熟企业来说同样意义非凡。

不仅如此，通过对商业模式创新实践的十几个案例，尤其是传统行业的三对同行业案例的初步研究，笔者发现：第一，在成功的商业模式创新实践中，营销洞察极为重要，商业模式创新企业都有迥异于同行业原领导者的营销洞察。例如，沈鼓集团关注风机本身的性能和成本，陕鼓集团发现了顾客不仅需要鼓风机产品，也还有产品安装、维护等配套服务的潜在需要，从而在行业内开创了动力设备系统的设计、选型、制造、安装、调试、外围施工、设备运营、设备维修和保养等全方位服务模式；与同行业原领导者万科集团关注房地产的居住属性不同，万达集团则发现了居住属性之外的娱乐、购物等顾客价值，为城市居民提供了"一站式城市生活配套服务"和"全国性商业运营平台"；与原行业领先者正略咨询集中于管理咨询服务不同，和君咨询在管理咨询服务之外，还为中小企业客户提供资金资本、人才培训等中小企业成长的全产业链服务。第二，商业模式创新企业在营销洞察过程中，存在一些与目前常规营销理论不符的特殊实践，而同行业原领导者的营销洞察实践则遵循了目前的常规营销理论。例如，沈鼓集团、万科集团、正略咨询作为原行业领导者都有非常鲜明的市场驱动导向，围绕行业主流顾客，通过 STP 流程，向目标顾客群体提供数量有限的关键顾客价值要素。而以陕鼓集团、万达集团、和君咨询为代表的商业模式创新企业则在营销洞察过程中，表现出了强烈的主动改造行业倾向，没有仅仅聚焦于行业企业竞相追逐的主流顾客，而是面向多种不同的顾客群体，采用了网状价值创造结构，向顾客提供"一揽子"顾客价值要素。

商业模式创新企业的独特实践现象，吸引笔者关注"商业模式创新中的营销洞察过程"，并思考"商业模式创新中的营销洞察过程是什么样的？其与目前现有营销学理论有何差异？"

二、理论背景

近年来，商业模式创新因其在创业企业发展壮大和成熟企业战略转型过程中的决定性作用，引起了理论界和学术界的持续热烈关注（Teece，2010）。学者们普遍认为商业模式创新对于企业创造和保持竞争优势极为重要，商业模式创新是企业获取成功的关键驱动力,持续的商业模式创新对于每一个寻求基业长青的公司都是非常必要的(Sosna et al., 2010)。特别地,对于存续较长时间的成熟企业而言,适时的商业模式创新是其保持自身商业模式活力、重塑和保持竞争优势的关键。一个企业的持续竞争成功取决于其以恰当节奏,朝着适合外部商业环境的方向,转变其商业模式的能力(Aspara, 2010)。

在普遍意识到商业模式创新重要性的同时,学者们还普遍认同,营销洞察是商业模式创新的源头和起点。商业模式包括"发现顾客价值、实现顾客价值并从中获取企业价值"这样三个构成部分及其联系(Teece, 2010)。商业模式创新与营销洞察密切相关,商业模式创新必须以顾客需求为基本出发点,以顾客价值为核心(Johnson et al., 2008; Demil & Lecocq, 2010)。作为一种系统性创新,商业模式创新首先需要企业能够发现新的、其他企业没有发现的顾客需求,并针对此顾客需求提出独特的顾客价值主张,其后才是运营模式、营销模式、盈利模式等环节的创新(王雪冬和董大海,2013a)。

然而,尽管学者们普遍认同商业模式创新,也普遍强调营销洞察对商业模式创新的重要性,但文献梳理表明,现有文献关于商业模式创新中的营销洞察问题的研究还存在一定的不足,主要体现为:

(1)营销学者较少关注商业模式创新研究中营销洞察过程的研究。商业模式创新理论始终强调顾客价值概念,营销学中的顾客价值理念贯穿于商业模式始终。但在1970~2013年的国际主流营销学期刊中,只出现过八篇与商业模式相关的文章(Coombes & Nicholson, 2013)。在这仅有的几篇文章中,也没有探讨营销洞察,尤其是营销洞察过程问题。而顾客价值一直是营销学者关注的重点问题,因此,营销学者有必要参与到商业模式研究中。营销学者参与商业模式创新研究,首当其冲应当关注"营销洞察"。

(2)商业模式研究学者对商业模式创新中营销洞察过程的研究关注不足。由于商业模式创新仍然是一个快速形成和发展之中的独立交叉学科(王雪冬和董大海,2012),学者们在商业模式学科的研究上仍然集中在概念界定、学科定位、构成要素等宏观问题上,而对商业模式创新中营销洞察过程这一细节过程性问题则关注较少。商业模式创新学者通常将"营销洞察"（即提出"价值主张"）作为默认的既成事实，对商业模式创新的研究集中在商业模式的运营模式、盈利模式等环节（王雪冬和董大海，2012），而对商业模式创新中营销洞察过程几乎未有明确论述。

（3）战略学和创业学等其他学科学者所关注的营销洞察过程与传统行业商业模式创新企业的营销洞察过程存在差异。战略学和创业学这两个学科的学者对营销洞察过程的研究集中在技术快速变化的新兴产业（如互联网产业、IT 产业等），关注营销洞察"从无到有"的过程。但在传统行业中，商业模式创新企业却是在行业对顾客价值认知存在共识的情况下，发现了迥异于行业普遍认知假设的顾客价值，其对顾客价值的认知经历"从有到无，再从无到有""从清晰到模糊，再从模糊到重新清晰"的独特过程。

综上所述，商业模式创新中的营销洞察过程，尤其是传统行业商业模式创新企业的营销洞察过程，是一种较为独特的企业现象。现有理论对这种独特的企业现象关注不足，仍然存在研究缺口。同时，鉴于营销洞察对商业模式创新的决定性先导作用，以及商业模式创新的重要性，笔者认为，商业模式创新中的营销洞察过程问题是一个非常重要又亟待解决的问题。

三、问题提出

正是基于上述背景和考虑，本书从传统行业商业模式创新企业独特的营销洞察过程的"例外现象"出发，重点研究一个核心问题：商业模式创新中的营销洞察过程是什么样的？更进一步，营销洞察过程作为一种企业认知和分析顾客价值的过程，涉及营销导向、靶向顾客（关注焦点顾客的类型）、分析流程（目标顾客选择和顾客价值界定）三个主要问题（Kotler，2003）。因此，本书的核心问题进一步细分为三个子问题：

（1）关于营销导向问题。商业模式创新中营销洞察过程的营销导向是什么样的？与目前现有营销学常规营销导向理论有何区别？

（2）关于靶向顾客问题。商业模式创新中的营销洞察过程主要面向哪些顾客获取顾客价值信息？与目前现有营销学的顾客类型理论有何区别？

（3）关于分析流程问题。商业模式创新中营销洞察过程的分析流程是什么样的？与目前现有营销学 STP 流程有何区别？

本书希望通过对上述问题的探索和研究，能够揭示商业模式创新中营销洞察过程，分析商业模式创新中营销洞察过程与营销学中营销洞察过程的不同之处，从而拓展现有的营销学理论，提出新的理论洞见和实践启示。

第二节 研究方法、范围与流程

一、研究方法

基于研究问题本身的特点、现有的理论基础、研究样本的可获取性等边界条件，本书选择了定性研究方法中的案例研究方法。选取该研究方法的主要原因如下：

（1）研究问题本身是一个探索性问题。当我们在试图拓展新理论而不是验证已有理论时，案例研究方法是非常有用的（Eisenhardt，1989）。文献回顾表明，传统行业成熟企业在商业模式创新过程中，经历了对顾客价值"从清晰到模糊，再从模糊到重新清晰"的"肯定—否定—否定之否定"的独特营销洞察过程，是一个需要进一步理解和探讨的现象。

（2）研究问题本身是一个过程性问题。本书力图揭示的"商业模式创新中营销洞察过程"是一个过程性研究问题。案例研究方法对于研究组织和战略的各种过程非常有效，能够采取整体全面和长期过程导向的视角，其研究结果常常出人意料但却真实可信，并且可以验证（Santos & Eisenhardt，2009）。相比而言，目前营销学的主流研究方法——定量实证研究方法则很难适用于对此类问题的研究。

（3）现有理论基础薄弱。我们在2010年进行的初步研究表明，商业模式创新、营销洞察等议题在学术研究领域仍然是非常新颖的、具有多样化语义和应用的话题。这种情况直至今天依然如此。本书所要探讨的问题是一个本领域理论积淀非常少，而从其他领域也很难借鉴到有效理论的研究问题。而当我们对个案特性、问题性质、研究假设及工具不了解时，侧重于提出假设，任务是寻找（新）理论时，案例研究方法可以引导我们关注这一没有明确答案但却非常重要的问题（Yin，1981）。

（4）研究样本的有限性。商业模式创新作为一种新颖的创新方式，实现难度较大，符合商业模式创新的企业本身就很少，而传统行业中的商业模式创新企业的样本就更为有限。在可供研究的样本不多时，案例研究方法就成为一个不二法门（Yin，1981）。案例研究方法允许研究者在不控制研究对象的情况下，在特定的环境中进行研究，采用归纳分析对理论积累依赖较小（Babbie，2013），可以对既有企业现象进行解释和纵深描述，尽可能多地保留原汁原味的富有现实意义的特征（Eisenhardt & Graebner，2007）。

二、研究范围

为了保证有效解决研究问题、高效完成研究任务，本书首先需要明确界定研究范围，阐明解决研究问题的情景（见图1-1）。

1. "营销洞察过程"是本书拟解决的核心问题

本书力图以传统行业中的商业模式创新企业和秉承现有营销学营销洞察理论的同行业原领导者为案例研究对象，揭示商业模式创新中营销洞察过程，分析商业模式创新中营销洞察过程与传统营销学营销洞察过程的差异之处，并揭示其原因。

2. "商业模式创新"是本书的大背景

本书紧贴商业模式创新这个企业实践热点，扎根现实企业实践，研究背景鲜活。本书力图揭示商业模式创新企业在营销洞察过程上的特征，并通过商业模式创新企业与同行业原有领导者的对比分析，寻找造成两者在营销洞察过程中差异的深层次原因。

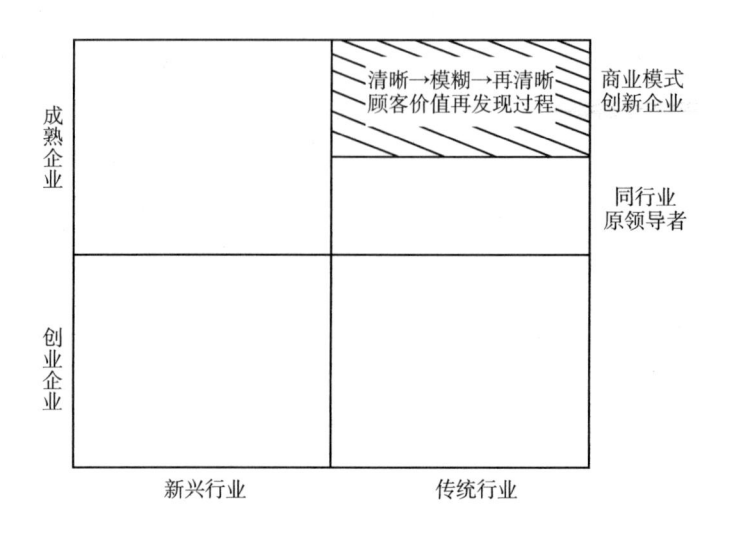

	新兴行业	传统行业
成熟企业		清晰→模糊→再清晰 顾客价值再发现过程 / 商业模式创新企业
		同行业原领导者
创业企业		

图1-1 研究范围

3. "传统行业"是本书的现实研究情景

"传统行业"又称"传统产业"。一方面，从类别上看，传统行业是以高新技术为代表的新兴行业以外的行业。中国台湾地区"行政主管部门经济建设和发展委员会"就将产业划分为高科技新兴产业和传统产业两大类（Shien-Ping Huang, 2012）。其中，传统产业主要包括机械制造、建筑施工、房地产开发、基础设施建设、钢铁冶炼、汽车制造、生活器具、纺织、服装、家电、橡胶冶炼、食品、造纸、管理咨询等行业。另一方面，从生命周期看，传统行业是处于产业生命周期成熟阶段的行业，在行业内部具有鲜明的"竞争趋同"和"主导商业模式"的特点（McGahan et al., 2004）。

4. "成熟企业"的"营销洞察过程"是本书重点探讨的研究现象

成熟企业是与初创企业、创业企业等相对的一种企业类型，成熟企业与这些初创企业的一个重要区别就是企业存续时间的不同，成熟企业的存在时间较长，具有一定的组织发展历史。对于营销洞察过程的研究，学者们大部分关注的是基于互联网的初创企业，如以阿里巴巴、腾讯、京东商城等为代表的国内互联网商业模式创新企业和以 Google、Apple、Amazon、Ebay、Netflix 等为代表的国外互联网商业模式创新企业。学者们普遍聚焦初创企业的营销洞察过程就形成了一个非常重要的研究空白。尽管可能受到资金方面的限制，但初创企业是一张白纸，几乎可以描绘出任何可能的图景。然而，初创企业毕竟仅仅是两种组织类型中的一种，现实情景下，还存在着大量的成熟企业。与初创企业在一张白纸上描绘新蓝图不同，成熟企业在营销洞察上可能面临更多的挑战，它们需要突破思维惯性、挑战业已成型的顾客价值认知，直至改变现有的商业模式。在现实的企业实践中，以陕鼓集团、万达集团、和君咨询等为代表的一些成熟企业，在商业模式创新之初，行业内部有着清晰的顾客价值边界，但这些企业在某一时刻节点对顾客价值的认识发生了基因突变，形成了具有超越行业惯性的营销洞察，其对顾客价值的认识经历了"清晰→模糊→再清晰"的顾客价值重新发现过程。这种营销洞察过程与初创企业的"从模糊到清晰"的初生市场营销洞察过程截然不同，本书重点关注成熟企业的营销洞察过程。

三、研究流程

在选择案例研究方法之后，本书严格遵循 Eisenhardt（1989）所定义的、被学术界所公认的案例研究流程进行操作（见表 1-1）。

四、逻辑推理过程说明

逻辑推理过程主要包括演绎推理、归纳推理、类比推理这三种主要的思维过程形式（陈波，2006）。其中演绎推理是从普遍性结论或一般原理推出个别结论的方法，归纳推理是从个别事实中概括出一般原理的思维形式，类比法就是采取同类类比、异类类比等方式把两个不同的事物进行比较的思维形式。作为一个探索性案例研究，本书以归纳推理为主要分析逻辑，同时在具体操作过程中采用了异类类比为主要形式的类比推理逻辑。本书的基本推理过程如图 1-2 所示。

表1-1 研究流程

阶段	步骤	活动	原因
准备阶段	启动	①界定研究问题 ②预先找出可能的构念	①将努力聚焦（清楚的方向、清晰的焦点） ②提供构念测量的较佳基础
	研究设计和案例选择	①不受限于理论与假说，进行研究设计 ②聚焦于特定族群 ③理论抽样，而非随机抽样（有意地选择独特、补充或批判的案例）	①维持理论与研究弹性 ②限制额外变异，并强化外在效度 ③聚焦于具有理论意义的有用案例（如能够补充概念类别之理论复制与引申的案例）
	研究工具和方法选择	①采用多元资料收集方式 ②精制研究工具，同时掌握质化与量化资料 ③多位研究者	①透过三角验证，强化研究基础（例如：深度访谈、观察、文件调阅） ②证据的综合（量化＆质化混合方法） ③采纳多元观点、强化研究创新性、集思广益、有利资料收集分析与诠释
执行阶段	资料收集	①反复进行数据收集与分析，包括现场笔记 ②采用有弹性且随机应变的资料收集方式	①实时分析，随时调整资料的收集 ②帮助研究者掌握浮现的主题与独特的案例性质
	资料分析	①案例内分析 ②采用发散方式，寻找跨案例的共同模式	①熟悉数据，并进行初步的理论建构 ②使研究者挣脱初步印象，并透过各种角度来查看证据
	形成假设	①针对各项概念，进行证据的持续复核 ②横跨各案例的逻辑复现，而非样本复制 ③寻找变量关系的原因或"为什么"的证据	①精练构念定义、效度与测量 ②证实、引申及精练理论 ③建立内部效度
对话阶段	文献对话	①与矛盾文献相互比较 ②与类似文献相互比较	①建构内在效度、提升理论层次、强化构念定义 ②提升类推能力、改善构念定义、提高理论层次
	结束	尽可能达到理论饱和	当改善的边际效用越来越小时，则研究结束

资料来源：摘录自 Eisenhardt (1989)。

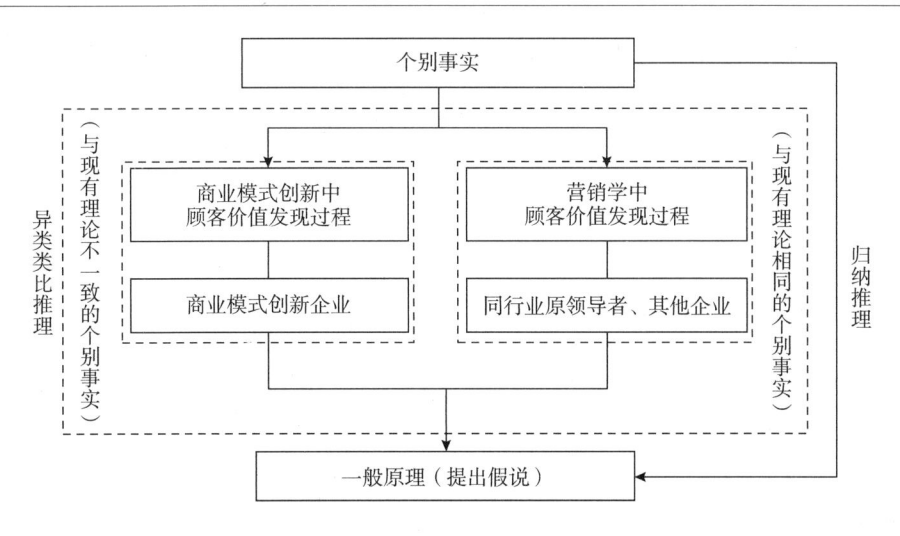

```
                    ┌─────────────┐
                    │  个别事实    │
                    └──────┬──────┘
     ┌─────────────────────┴─────────────────────┐
（异  │  ┌─────────────┐      ┌─────────────┐  │ （归
 与  类  │ 商业模式创新中 │      │  营销学中    │  纳  与
 现  类  │ 顾客价值发现过程│      │顾客价值发现过程│  推  现
 有  比  ├─────────────┤      ├─────────────┤  理  有
 理  推  │ 商业模式创新企业│      │同行业原领导者、│      理
 论  理  │             │      │  其他企业    │      论
 不             └─────────────┘      └─────────────┘      相
 一                                                       同
 致                                                       的
 的                                                       个
 个                                                       别
 别                                                       事
 事                                                       实
 实                    ┌─────────────┐                  ）
 ）                    │ 一般原理（提出假说）│◄────────┘
                    └─────────────┘
```

图 1 - 2　逻辑推理过程

归纳推理分析逻辑是本书的大前提，作为一个探索性案例研究，本书从个别事实出发向一般推论演进。归纳的推理逻辑尽管具有一定的或然性，但同时也有一定的创新性，而探索性案例研究的主要目的是发展新理论，提供一些供探讨的理论假说。本书的个别事实主要包括两类：一类个别事实是与现有营销学营销洞察相关理论相同的企业实践，这些企业包括同行业原领导者以及行业内部的绝大多数企业。而同行业领导者由于在行业内部具有较高的行业地位、较好的竞争优势以及相比其他企业较好的绩效，因而成为这类企业中的典型个别事实（同行业原领导者的营销洞察实践在后续的第四章、第五章、第六章部分有详细的展示），本书因此以同行业原领导者为个别事实展示营销学中的营销洞察过程。另一类个别事实是与现有营销学营销洞察过程理论不一致的企业实践，即本书中的商业模式创新企业。本书通过分析商业模式创新企业的营销洞察过程，展示商业模式创新中的营销洞察过程。简言之，本书是从商业模式创新企业和同行业原领导者的个别事实出发向一般原理进行推理。

类比分析是本书的另一个主要推理逻辑。本书在归纳推理的过程中，采用了异类类比分析，从两个异类个别事实的不同点出发，通过异类类比产生新的构念和知识，跟已有的营销学构念和知识进行比较，从而对事物一些未知的属性做出推断。在具体操作上，本书通过将商业模式创新企业和同行业原领导者这两种截然不同的异类个别事实进行比较，得出商业模式创新中营销洞察过程的一些新构念和新发现，并与营销学现有理论进行比较，最终形成了商业模式创新中营销洞察过程的一些新知识。

此外，在从个别事实到一般理论的归纳分析过程的具体操作上，本书采用了扎根理论的分析方法作为主要的分析技术（相关步骤见后续章节论述）。

第三节 研究意义

一、理论意义

（1）本书揭示了商业模式创新中的营销洞察过程，丰富了目前常规传统营销学相关理论。以市场驱动导向、主流顾客、STP流程、关键顾客价值要素为代表的常规营销学营销洞察理论，自20世纪30年代萌芽，并随着西方工业社会的发展不断成熟。然而，以互联网和信息技术为代表的网络经济时代，企业的营销洞察过程面临截然不同于工业经济时代的环境。而商业模式创新中的营销洞察过程就是新经济时代的大背景下，所形成的一种独特的营销洞察现象。本书从商业模式创新的大背景出发，揭示了商业模式创新中营销洞察过程的独特规律，提出了双元市场导向演变过程、边缘顾客、MCC流程等构念，为丰富目前常规营销学理论做出了一定的理论贡献。

（2）本书探讨了传统行业成熟企业"清晰→模糊→再清晰"的独特的营销洞察过程。与创业研究、战略学研究、技术创新等学科关注初生市场"模糊→清晰"的营销洞察过程不同，我们揭示了成熟企业的营销洞察过程，丰富了传统营销学营销洞察过程理论研究。更重要的是，以传统行业商业模式创新企业和同行业原领导者为对比案例研究对象,揭示了商业模式创新企业之所以能够实施独特的营销洞察过程的原因。我们揭示了企业危机在企业家重视和驱动市场导向之间的独特调节作用、边缘顾客的独特价值。我们发现 MMC 流程是互联网新经济市场环境下的产物,是对传统工业经济时代 STP 流程的发展,而顾客需求互补性、资源外生假设、问题导向则是 MCC 流程背后的独特假设。这些基于传统行业企业的理论发现,进一步丰富了目前现有的营销学理论。

(3) 本书从营销学角度揭示了蓝海战略价值创新的一种新的实现路径。价值创新是蓝海战略的基石,但蓝海战略却没有系统地阐述价值创新究竟是如何发生的,而是仅仅将价值创新归结为减少、提出、创造、增加等较为宽泛的步骤。本书则从营销洞察过程的营销导向、靶向顾客、分析流程等营销学研究概念入手,揭示了商业模式创新企业的价值创新实现路径。

二、实践意义

(1) 从营销学角度提出了传统行业企业实施商业模式创新的路径,对于处于中国经济核心地位的传统行业的发展具有一定的启示意义。尽管世界各国都在加速推进高新技术产业的发展,并尽量淘汰传统行业。但对于中国来说,传统行业在相当长一段时间内仍然是中国经济的中流砥柱,对中国经济发展、社会稳定有着重要的现实意义。与高科技新兴行业相比,传统行业具有规模大、产业链较长、带动就业贡献较大等特点,是任何一个国家工业化发展过程中的支柱。但中国诸多传统行业企业却同时面临内部同质化竞争和外部互联网企业的整合。本书对传统行业企业发现独特的顾客价值,进而实施商业模式创新,并最终实现差异化竞争,具有一定的借鉴意义。

(2) 对劣势企业超越行业领导者提供了营销借鉴。本书的三个传统行业商业模式创新企业都是在处于劣势甚至是生存危机的时候,通过独特的营销洞察过程,提出了差异化的顾客价值主张,进而实现了商业模式创新,最终成为其所在市场的新领军企业。当前绝大部分中国企业相对于跨国竞争对手仍处于追赶、模仿和学习阶段,本书所关注的劣势企业对原有行业领导者的超越,为众多中国劣势企业的奋起直追提供了借鉴。

第四节 本书结构安排

本书根据案例研究所普遍采用的"绪论、文献述评、研究设计、研究发现、研究讨论、研究结论"等几个主要部分进行谋篇布局。将各章节安排如下：

第一章是绪论。主要内容包括介绍研究背景、提出研究问题、选择研究方法、阐明研究流程、界定研究范围、介绍逻辑推理过程，阐述研究意义，以及本书的结构安排。

第二章是理论基础与文献述评。主要内容是对本书至关重要的商业模式创新概念、营销洞察过程概念以及营销洞察过程相关文献进行回顾，阐明相关问题的研究现状，指出现有研究存在的缺口、开展本书研究的必要性，为探索性案例研究做好理论铺垫。

第三章是研究设计。主要内容是介绍案例设计与案例企业选择、数据收集和数据分析过程与方法、信度与效度保障措施等。

第四章至第六章是研究发现与研究讨论部分，主要是阐述研究发现，揭示商业模式创新中的营销洞察过程"是什么"的问题。第四章主要阐述双元营销导向演变过程，第五章主要阐述边缘顾客，第六章主要阐述 MCC 流程。

第七章是结论。主要内容是阐述本书的结论、主要创新点、实践启示、不足和展望。

第二章 理论基础与文献述评

本章主要对商业模式创新、营销洞察过程等概念进行文献回顾,同时以"研究问题"为中心,收集与营销洞察过程中营销导向、靶向顾客、分析流程等相关的营销学文献,对营销学中与之相对的营销导向、顾客类型、STP 流程等文献进行回顾,厘清营销学现有理论现状,并分析现有营销学文献存在的理论缺口,为开展探索性案例研究及之后的文献对话奠定理论基础。

第一节 概念界定

一、商业模式创新的概念界定

商业模式学科是融合技术创新学、战略学等不同学科相关内容而形成的一个新兴的管理学独立交叉学科(王雪冬和董大海,2012),技术创新学、战略学等诸多学科的学者从自身学科背景出发开展了各具特色的商业模式创新研究(Aspara et al.,2010)。

1. 技术创新视角下的商业模式创新概念

技术创新学者从其学科的"创新"核心议题出发,把理解"商业模式创新"

概念的重点放在了"创新"上。自 Schumpeter（1934）提出"创新"概念并把创新分为产品创新、技术创新、市场创新、资源配置创新、组织创新五种创新以来，技术创新学者一直把注意力聚焦于产品创新和技术创新管理等研究领域。但随着互联网和信息技术的不断普及，以 Chesbrough 和 Rosenbloom（2002）为代表的技术创新研究学者开始逐渐认识到技术本身并没有特定的客观价值，技术的潜在经济价值必须通过商业模式创新来实现，于是把注意力转向产品和技术领域以外的商业领域创新，即商业模式创新。Christensen（1997）率先提出了"破坏性技术创新"的概念。他强调，为了与破坏性技术相匹配，企业必须进行破坏性商业模式创新，并且把"破坏性商业模式创新"定义为从为顾客创造价值出发，来发现非顾客消费群体，通过争夺非顾客消费群体参与竞争，瞄准最不可能购买现有产品的消费者，找出阻碍他们消费的原因。随着时间的推移，一旦破坏性技术能够满足非顾客消费群体的需求，企业就能开拓新的高增长市场，并能不断"蚕食"其他企业的既有顾客。Chesbrough（2010）提出了开放式创新理论，他认为企业必须创立与其核心技术相匹配的商业模式。商业模式创新是企业建立启发式逻辑，并把技术与其蕴含的潜在经济价值联系起来的过程。Tidd 和 Bessant（2009）从创新概念出发，将创新重新定义为产品创新、流程创新、定位创新和范式创新四种类型。商业模式创新与产品创新、流程创新等传统类型的创新不同，它是一种全新的范式创新。范式创新反映的是影响企业业务的潜在思维方式变化，源自于新进入者对问题和游戏规则的重新定义和重构。Tse Edison（2012）认为，创新从本质上可以分为科技创新和商业创新两大类，其中科技创新是指有关自然规律的新发现，他把这种创新称为"始创新"，而把商业创新理解为"创造新价值"，并且又进一步细分为"流创新"和"源创新"，并且认为商业模式（商业模型）创新属于"源创新"。商业模式创新的意义不在于创造新科技、新产品或新服务，而在于创造新价值，即通过实施新的理念来推动对人们日常生活或工作有价值的活动。新的理念可以由新产品或新科技（始创新）所催生，也可通过组合现有资源来实现。

综观上述学者从创新视角界定的商业模式创新概念，可以看出他们普遍把商业模式创新定义为一种全新类型的创新,并强调商业模式创新对于技术创新的重要性,技术创新必须与商业模式创新进行有效的结合,才能更好地实现其自身的商业化。商业模式创新的源头在于新理念的提出或产生,或者是对问题和游戏规则的重新定义和重构。细加分析不难发现,这些学者所界定的商业模式创新概念仍存在一定的局限性。在他们看来,商业模式创新只不过是一种技术商业化手段而已,并且仅仅把商业模式创新作为一种新的创新类型。显然,这些学者偏重于从技术角度来阐述技术商业化问题,而忽略了商业模式创新同时也是一种企业层面的战略变革行为。

2. 战略视角下的商业模式创新概念

与技术创新学者重点关注"创新"不同,战略学者主要从变革的视角来认识和理解商业模式创新,他们将商业模式创新理解为企业的一种变革方式,重点关注企业如何改变自己的商业模式以及这种改变所带来的结果。Hamel(2000)把商业模式创新理解为一种战略创新,并且认为商业模式创新就是为了打乱竞争对手的阵脚,为顾客创造新价值并为利益相关者创造新财富而重构行业现行商业模式。这种创新有助于企业事半功倍地分享产业所创造的价值。Hamel(2000)从企业战略层面对商业模式创新进行了解读,即商业模式创新是企业层面的一种战略行为,企业之间的竞争在某种程度上就是商业模式竞争,不同企业周而复始的创造性破坏和持续不断的商业模式创新是推动行业发展的一种重要动力。Markides 和 Sosa(2013)则指出,商业模式创新是"为了引入可盈利商业模式而打破既有游戏规则"。对既有规则的颠覆可通过重新确定顾客细分标准、顾客需求、产品生产与交付方式或者开发新产品等手段来实现。Schlegelmilch 等(2003)认为,商业模式创新是一种战略性创新,通过颠覆既有规则和改变竞争性质来重构企业既有的商业模式和市场,在大幅度提升顾客价值的同时,实现企业自身的高速增长。Bock 和 Gerard(2010)把商业模式创新看做一种不同于其他类型组织创新的全新变革过程,一种企业层面开发利用新机会的过程,并且认为一旦渐进式变革和产品创新滞后于外生不连续性,组织管理层就会利用商业模式创新来面对层次更高、为期更长的挑战。商业模式创新是一种不同于其他类型组织创新的新颖变革过程，因而是一种非常规的特殊创新。

综观以上学者从战略视角对商业模式创新所做的阐述，不难发现他们对商业模式创新的认识具有以下一些共同点。①商业模式创新是一种企业层次的战略变革行为，因此就变革层次而言远高于一般的产品创新、渠道变革、品牌塑造等业务层次的变革；②商业模式创新具有很强的颠覆性，是对行业既有假设和思维定式的颠覆；③商业模式创新是一种组织变革过程，是组织为应对外生不连续性而进行的一种非常规的激进式组织变革过程。商业模式创新的上述特点决定了这种创新在企业实践中是比较罕见、极难实现的。然而，也正是它的罕见性和极难实现性使得企业一旦取得商业模式创新成功就能获得快速成长，甚至改变整个行业的竞争格局。不过，与技术创新学者一样，战略学者对商业模式创新的认识也存在一定的局限性。一些战略学者（Shafer 等，2005）狭义地认为，商业模式创新仅仅是企业进行战略规划的一种工具。

3. 商业模式视角下的商业模式创新概念

在技术创新学、战略学等传统管理学科越来越关心商业模式创新问题的同时，商业模式研究本身也逐渐发展成为一个新的管理学交叉学科系组。商业模式研究学者主要从商业模式本身的特点出发来探讨商业模式创新问题，并且认为商业模式创新就是"商业模式的变革"。Osterwalder 等（2005）把商业模式创新看做一种基于价值主张，涵盖关乎资源、流程等的运营模式以及涉及收入、成本等的盈利模式的设计过程。Demil 和 Lecocq（2010）把商业模式创新定义为"商业模式内部不同要素之间的互动引发新的选择，促使企业提出新的价值主张、创造新的资源组合，或者驱动组织系统演化，最终某一环节的变化对其他要素及其构成维度产生影响，进而引发有可能动摇整个行业根基的根本性创新"。Casadesus-Masanell 和 Ricart（2010）把商业模式看作"企业的行为逻辑"，或者反映企业如何运营并为利益相关者创造价值的因果关系。因此，从本质上讲，商业模式创新就是企业遵循新的行为逻辑来为利益相关者创造和传递价值，并且主要侧重于探索新的收入模式，重新确定顾客、供应商和合作伙伴的价值主张。

由以上从商业模式视角对商业模式创新概念的阐述可以看出，商业模式创新是企业对商业模式进行的创新,是企业内部对商业模式构成要素实施的变革。商业模式创新是一种系统性创新,要求企业在顾客价值主张、运营模式、盈利模式、营销模式等多个环节上实现新的突破,最终对商业模式构成要素进行系统性变革。不过,目前商业模式研究学者对商业模式创新的认识仍存在一定的局限性。具体而言,他们忽略了"商业模式创新"概念的"创新"这个根本属性,从而混淆了"商业模式"和"商业模式创新"这两个截然不同的概念,甚至把"商业模式创新"等同于"商业模式"。商业模式学者大多没有注意到"商业模式"和"商业模式创新"在形式逻辑上的明显差异,以至于在研究中不加区分地混用这两个完全不同的概念。我们知道,概念是反映一类事物本质属性的思维形式,一个完整的概念由"种差"和邻近的属概念所构成,从概念研究最基本的形式逻辑角度来看,"商业"是商业模式概念的"种差","模式"是商业模式概念的"属",商业模式是企业家和学者们对商业行为的一般本质特征的抽象和理性认识。而"商业模式"是商业模式创新概念的"种差","创新"是商业模式创新概念的"属",商业模式创新描述的是一种以商业创新为特征的创新行为。

4. 不同视角下商业模式创新概念比较与界定

表2-1总结并比较分析了以上不同视角在商业模式概念界定方面所做出的贡献以及仍然存在的不足。从表2-1中对不同视角商业模式创新概念的比较可以看出,商业模式创新作为一个概念有行为性和过程性两个核心特征。

一方面,商业模式创新概念具有行为性特征,它的行为性特征又可以细分为类别、层次、程度、形式四个子特征。①从类别上看,"创新"是"商业模式创新"概念的本质属性,商业模式创新是一种新的类别的创新,是一种不同于技术创新、产品创新、流程创新等传统创新类别的全新创新类别。技术创新学者把这种新的类别创新视为思维范式创新、理念创新,战略学者把它理解为一种非常规的长期性特殊战略变革行为。②从层次上看,商业模式创新并不是产品层次或者业务单元层次的创新,而是企业层次的创新,是企业整体层次上的一种战略变革。③从程度上看,商业模式创新是一种极具颠覆性的激进式创新,通常会颠覆行业的基本假设和竞争规则。一旦取得成功,创新企业就能获得快速成长。④从表现形式看,商业模式创新是一种涉及商业模式内部构成要素诸多环节的系统创新,而绝不仅是商业模式内部构成要素某一环节的单一改变。

表2-1 不同视角下的商业模式创新概念比较

	贡献	不足
技术创新学	·商业模式创新是一种不同于技术和产品等传统创新的全新创新,通过与技术创新进行比较的方式阐述了商业模式创新的特点 ·商业模式创新的源头在于新理念的提出,或者是对问题和游戏规则的重新定义和重构	·商业模式创新仅仅是技术商业化的一种手段,将商业模式创新看作一种新的创新方式,偏重于从技术角度来阐述技术商业化问题
战略学	·商业模式创新是一种企业层次的战略变革行为,在层次上远高于一般的产品创新、渠道变革、品牌塑造等业务层次上的变革行为 ·商业模式创新具有较强的颠覆性,是对行业既有假设的突破,是对行业思维定式的颠覆 ·商业模式创新不仅是一种简单的变革行为,更是一种组织为应对外生不连续性而做出的非常激进式变革过程	·商业模式创新仅仅是企业进行战略规划的一种工具 ·认为商业模式创新是竞争导向型的,而忽略了商业模式创新特有的"竞合"属性 ·注重商业模式创新的表现形式及其可能产生的结果,而忽视了顾客这个商业模式创新的基本源头
商业模式学	·商业模式创新是企业对"商业模式"实施的创新,是对商业模式构成要素进行的变革 ·商业模式创新是一种系统层次的创新,要求企业在顾客价值主张、运营模式、盈利模式、营销模式等多个环节上实现新的突破 ·实施商业模式创新的企业不再是一个封闭系统,而是一个开放的平台系统 ·企业可通过商业模式创新来建立以自己为核心的商业生态系统,从而构建系统层次的竞争优势	·混淆了"商业模式"和"商业模式创新"两个不同的概念,没有注意到"商业模式"和"商业模式创新"在形式逻辑上存在的明显差异

资料来源:本书作者整理。

另一方面，商业模式创新概念具有过程性特征，不同视角下的商业模式创新概念描述了商业模式创新作为一个过程在不同阶段的特征。例如，商业模式视角下的商业模式创新概念则强调这一过程的中间阶段，将商业模式创新理解为商业模式内部构成要素及其相互关系发生变化的过程，在这一过程中企业实现了商业模式内部构成要素的系统性创新；战略视角下的商业模式创新则聚焦在这一过程的后端，战略学者将商业模式创新理解为企业层级的一种变革过程，是企业实现战略更新的一种变革过程。技术创新学者、战略学者都注意到了商业模式创新特有的颠覆性特征，"根本性创新"则反映了商业模式创新的程度，即商业模式创新对企业所在市场是颠覆性的。

在充分比较不同学科视角下的商业模式创新概念后，本书采用概念界定的"种差＋属"方法来清晰地界定商业模式创新概念（见图2-1）。

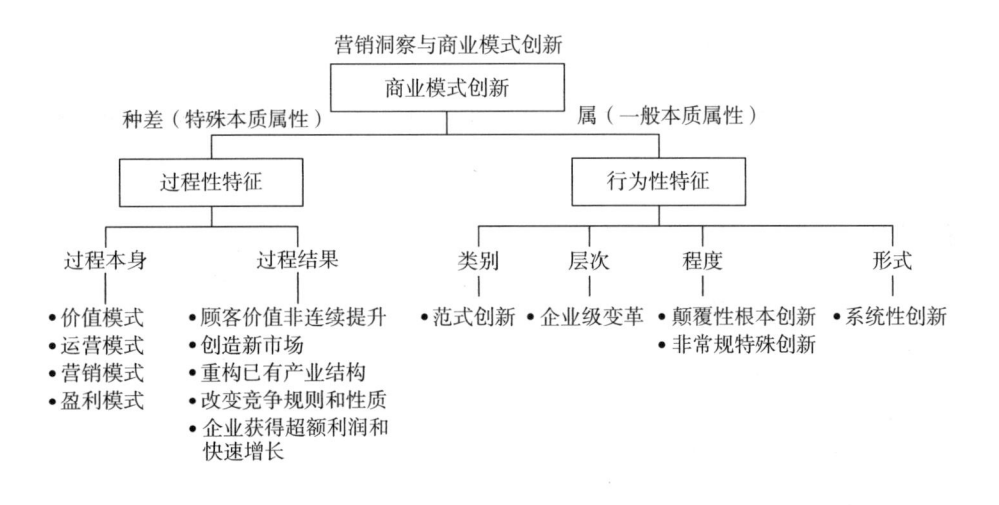

图2-1 商业模式创新概念

商业模式创新概念的过程性特征反映商业模式创新概念的特殊本质属性（种差）。在商业模式创新概念的特殊本质属性——"种差"界定方面，商业模式创新是以顾客为源头和出发点，在价值模式、运营模式、营销模式和盈利模式等多个商业模式关键环节进行系统性创新，最终实现顾客价值的跳跃式增长、创造出新市场或重构已有产业结构、改变竞争规则和本质，并使企业获得超额利润和快速增长的过程。

商业模式创新概念的行为性特征反映商业模式概念的一般本质属性（属）。在商业模式创新概念的一般本质属性——"属"的界定方面，商业模式创新在类别上是一种以思维变革为特征的范式创新，是与产品创新、技术创新等传统创新方式截然不同的一种全新创新；在层次上是一种企业层次的变革行为，在形式上体现为涉及商业模式各个环节的系统级创新；在程度上表现为对创新企业所在市场或创新所指市场的颠覆性。因此，商业模式创新是一种非常规的颠覆性创新。

二、营销洞察的概念界定

"营销洞察"是指"一种企业认知和分析顾客价值的过程"（Kotler，2003）。受过程性问题与营销学目前主流定量实证研究不匹配的影响，探讨营销洞察过程的文献研究较少，我们仅能从营销学、创业管理等领域查找到少量的相关文献。

1. 聚焦在企业发现顾客价值（或创业机会）的过程

Vanderhaar 等（2001）提出顾客价值模型，采用案例研究，描述了企业从一个模糊的顾客价值概念直到形成市场上具体产品的整个过程。Hills 等（1997）认为营销洞察过程可以分为五个阶段，包括准备、孵化、洞察、评估、精加工。Lumpkin 等（2004）将 Hills（1997）等提出的价值发现过程模型进一步概括为发现和形成两部分，发现部分包括准备、孵化和洞察三个阶段，形成阶段包括评估和细化两个阶段。Shane 和 Venkataraman（2000）认为创业机会以及营销洞察应该是一个动态过程，从寻找、发现，到实施、参与、改进，不断地周而复始、持续创新。林嵩（2010）把创业机会识别分为两个主要阶段：机会搜索和机会开发，这两个阶段在时间发生顺序上存在着先后，在内部逻辑上存在着相互依存的紧密联系；创业机会识别是一个综合性的交互过程，需要创业者从识别主体、识别内容、识别模式、识别线索四个方面进行认识。

2. 侧重顾客需求特别是潜在需求的调研方法和技术

Leonard 和 Rayport（1997）提出用情感移入设计法发现潜在需求，即在消费者的日常生活中观察并分析消费者使用产品或体验服务的全过程。Urban 和 Hauser（2004）认为，由于越来越多的顾客通过互联网收集产品信息，可以用"倾听"的方法在网络上通过虚拟顾问向顾客提问，来获取有用的信息并识别顾客潜在需求。张魁等（2006）提出心理隐喻引出技术，这是一种基于隐喻的投射/激发技术，是心理学上用来测量个性心理特征的一种精神分析方法。它通过对被访顾客提供一种和谐的刺激情境，让他在不受限制的情形下自由反应，从而分析探究顾客潜在需求。邓晓刚等（2008）以新产品开发策划中的新产品市场定位为研究对象，提出了一种基于网格的聚类算法（MCA）。与其他聚类算法相比，这种算法能够在市场调查数据中深度挖掘顾客潜在需求，识别细分市场顾客群体的共性需求特征。

3. 关注顾客潜在需求发现的战略思路

Nijssen 和 Frambach（2000）提出企业应运用战略营销规划思想，重视对外部市场环境的分析和通过战略审计来识别问题，从而发现创新顾客价值的机会。Webb 等（2010）认为，一直以来营销领域的研究和创业领域的研究各自为政，因而他们将创业过程与营销活动结合在一起进行研究，认为营销导向加强了企业在创业过程中对商业机会的识别和创新能力，营销组合决策加强了商业机会的开发。另外，创业以及创新的企业理念与活动也会强化企业营销导向和营销组合的实施，能够促进企业发现顾客潜在需求。

4. 关注营销洞察过程的实践

Magretta（2002）指出，营销洞察过程需要回答"谁是你的顾客？顾客看重什么？企业如何赚钱？如何以合理的价格为顾客提供价值？"等商业基本假设。Chesbrough 和 Rosenbloom（2002）则认为，营销洞察过程是对顾客的问题、企业拟提供的解决方案和价值的一种描述。企业需要通过营销洞察过程提出顾客价值主张。Johnson 等（2008）则指出营销洞察需要提出顾客价值主张，描述企业如何帮助顾客完成重要的任务，它包括界定目标顾客、要完成的任务（即解决某个重要问题或满足目标顾客的某项重要需求）、提供物（即解决问题或满足需求的一种产品或一项服务）三个阶段。Teece（2010）指出企业家需要洞察顾客，对"消费者根本性需求""竞争者是否满足这些需求"等"深层真相"有很好的理解。而营销洞察就是需要企业家提炼出关于"顾客的欲望、顾客如何评估、未来行为的本质和可能的成本以及竞争能力"等方面的根本性真相。

我们将零散地分布在营销学、创业学、商业模式学等不同学科领域的营销洞察过程文献进行归集整理（见表2-2），并主要遵循营销学领域极有影响力的学者Kotler（2003）的观点，将营销洞察过程定义为"企业在特定营销导向的推动下，认知和分析顾客价值的过程，并主要包括营销导向、靶向顾客、分析流程三个要素"。作为一个整体流程，营销洞察过程主要涉及：

表2-2 营销洞察过程及其划分

名称	营销洞察过程		
子过程	过程营销导向	靶向顾客	分析流程
支撑文献	·Nijssen & Frambach（2000） ·Webb 等（2010）	·Kotler（2003） ·Hills 等（1997） ·Shane 等（2000） ·Leonard 和 Rayport（1997） ·Urban 和 Hauser（2003） ·张魁等（2006） ·邓晓刚等（2008） ·Teece（2010） ·Magretta（2002） ·林嵩（2010）	·Kotler（2003） ·Vanderhaar 等（2001） ·Magretta（2002） ·Chesbrough 和 Rosenbloom（2002） ·Johnson 等（2008） ·林嵩（2010）
释义	·指导企业营销行为的哲学，推动企业实施营销洞察的驱动力	·瞄准/面向何种顾客收集顾客信息	·选择何种目标顾客，向顾客提供何种顾客价值
与营销学文献对应的专业术语	·营销导向	·顾客类型	·STP流程

（1）营销洞察过程的营销导向，即指导企业营销行为的哲学，推动企业实施营销洞察的驱动力，主要涉及营销学文献中的营销导向问题。

（2）营销洞察过程的靶向顾客，即营销学中的顾客类型问题，主要涉及瞄准/面向何种顾客收集、寻找、发现顾客价值相关信息。

（3）营销洞察过程的分析流程，即营销学中的STP流程，主要涉及目标顾客的选择、顾客需求的探查、顾客价值的最终提供实施。

三、营销洞察与商业模式创新的关系

因为商业模式创新是较新的议题，所以有必要通过文献回顾梳理营销洞察与商业模式创新的关系，消除不必要的质疑。

（1）从商业模式的构成要素看，营销洞察是商业模式创新的首要因素。商业模式文献中相当重要的一部分是识别和描述商业模式的关键构成要素，以及各要素的相互关系（见表2-3）。尽管不同学者在商业模式构成要素上缺乏一致性（每个商业模式定义的构成要素数量从4个到8个不等，从不同视角有多达24个不同的构成要素），但顾客、顾客价值、顾客价值主张是这些文献中频繁提及的一个构成要素，甚至是首要构成要素。从中不难看出，顾客和顾客价值（顾客、顾客价值、顾客价值主张）是商业模式的核心构成要素，伴随企业商业模式创新的始终，直接影响了商业模式其他构成要素的设计，因而营销洞察是商业模式创新的首要因素。

表2-3 商业模式构成要素典型观点

作者	具体要素
Donath（1999）	理解客户、市场策略、公司治理、内部和外部能力
Chesbrough & Rosenbloom（2002）	价值主张、目标市场、内部价值链结构、成本结构和利润模式、价值网络、竞争优势
Afuah & Tucci（2001）	顾客价值、范围、定价、收入、连接活动、实施、持续能力

续表

作者	具体要素
Dubosson-Torbay 等（2002）	产品创新（价值主张、目标、能力）、客户关系（理解顾客、服务顾客、品牌）、内部管理（资源/资产、运营/流程、伙伴网络）、财务方面（收入、成本、利润）
Linder & Cantrell（2000）	定价模式、收入模式、渠道模式、商业流程模式、网络导向商业关系、组织形式、价值主张
Van Der Vorst 等（2002）	价值主张、角色（中间商、内容提供商、商业服务客户）、流程、功能、应用、特性（合作类型、价值整合、经济控制、网络效率）
Hedman & Kalling（2003）	顾客、竞争者、提供物、运营和组织、资源、生产要素供应和生产投入、纵向流程的组件
Johnson 等（2008）	顾客价值主张、利润公司、关键资源和关键流程
Bjorkdahl（2009）	顾客价值、市场细分、提供、收入模式、资源、分销/零售

（2）从商业模式的结构化表达模型来看，营销洞察是商业模式创新的前提。在识别商业模式的主要构成要素后，一些商业模式学者进一步提出了商业模式的可视化表达模型。Hamel 的桥接模型、Osterwalder 等的 BM^{2}L 模型、Johnson 等的四要素模型、Demil 和 Lecocq 的 RCOV 模型、Shafer 的核心逻辑模型、Teece 的环状逻辑模型均是其中的典型代表。Hamel（2000）将顾客界面作为商业模式桥接模型的首要界面。Osterwalder 等（2005）认为，顾客维度是商业模式设计的出发点。Johnson 等（2008）将顾客价值主张作为商业模式的首要因素和起始点。Demil 和 Lecocq（2010）在 RCOV 模型中指出，价值主张是设计商业模式的前提。Chesbrough（2010）则将提出价值主张作为商业模式设计一系列流程的起点。Teece（2010）在商业模式环状逻辑模型中，强调了顾客在商业模式表达模型中的核心地位，阐述了支撑顾客价值主张、收入结构可行性与价值传递成本的逻辑原因、数据与其他依据。从上述诸多商业模式的结构化表达模型来看，商业模式是围绕"价值"议题展开的，商业模式涉及价值发现、价值传递、价值创造和价值俘获等环节，而营销洞察过程是商业模式构成要素中首要且最为重要的

元素，是商业模式创新的核心、灵魂和最活跃的维度（王雪冬和董大海，2013b）。

（3）从商业模式的界面看，营销洞察过程是企业与外界的联结界面，是商业模式创新的关键所在。商业模式代表了界面与交换的复杂系统（Ehret & Wirtz，2011），而营销活动作为内部—外部的焦点被认为是不可或缺的（Chesbrough，2010）。大多数商业模式研究明确指出了商业模式和营销之间的概念性联系（Teece，2010），Hamel（2000）指出"我们不能期望一位相扑选手，突然很优雅地跳起体操"，企业力图通过商业模式创新来永续发展时，必须能够洞察到新的顾客需求，大幅度调整价值主张，进而变革自身的商业模式。

（4）从商业模式创新概念本身看，营销洞察是商业模式创新的起点和关键。顾客和顾客价值是商业模式的核心议题，顾客是企业生存与发展的基石，顾客价值是竞争优势的源泉，创造卓越的顾客价值是企业获取竞争优势和长期成功的关键（Woodruff，1997），企业的存在、生存和发展建立在良好价值主张的基础之上（Carayannis & Provance，2008），这在商业模式创新中也不例外。商业模式创新是一种外向的、极具创意的探索过程（Johnson et al.，2008），商业模式创新首先要回答 Drucker（1954）的经典命题"谁是你的顾客？顾客看重什么？"总之，营销洞察过程直接影响着其他商业模式创新环节的提出和发展，决定了企业的商业模式。

简言之，营销洞察是商业模式创新的前提、起点和首要决定因素。

第二节　营销洞察过程的相关文献述评

一、关于营销导向的相关文献述评

营销导向作为指导企业营销行为的哲学，是营销洞察过程的营销导向因素。

现有营销学文献关于营销导向的研究主要集中在营销导向类型、各种类型营销导向的前因变量、结果变量三个方面的研究。

1. 营销导向类型的研究

营销学者对营销导向的认识主要经历了生产导向、销售导向、产品导向、古典市场导向和新市场导向等几个阶段，这其中生产导向、销售导向、产品导向是早期"封闭业务导向"，营销学者近年来主要关注古典市场导向和新兴市场导向两种"开放业务导向"。

在古典市场导向阶段（20世纪80年代至2000年），学者们先后提出市场导向的行为观（Kohli & Jaworski，1990）、文化观（Narver & Slater，1990）两种市场导向概念。Kohli和Jaworski（1990）首先将营销观念概念化为"市场导向"，市场导向是一种行为，包括"市场情报的产生、市场情报在组织中的传播、组织对市场情报的活动及反应"三个维度，并开发了市场导向的MARKOR测量量表。Narver和Slater（1990）同年提出了文化观的市场导向概念，市场导向是一种体现在价值观和准则中的文化，包括"顾客导向、竞争者导向和内部职能协作"三个要素，并开发了市场导向的MKTOR测量量表。此后，营销学者对古典市场导向概念进行了大量的实证研究，但学者们逐步发现，在这些实证研究普遍采用的MARKOR量表和MKTOR量表中，并没有与顾客潜在或未来需求相匹配的题项，这些现象引发学者们重新审视市场导向概念，指出已有研究过于偏重与顾客显性需求相对应的被动式市场驱动导向研究，而忽略了对顾客隐性需求的研究（Narver et al.，2004）。

2000年以后，营销学关于营销导向研究开始步入新市场导向阶段。营销学者逐渐意识到古典市场导向概念的局限性，对市场做出反应只是企业生存和发展的必要而非充分条件，企业还应发掘顾客的潜在需求，识别和充分利用未开发的市场空间。Kumar等（2000）、Jaworski等（2000）、Narver等（2004）在Hamel（1996）研究的基础上，将市场导向划分为市场驱动导向（Market-Driven，又称反应型市场导向，即Reactive Market Orientation）和驱动市场导向（Market-Driving，又称先动型市场导向，即Proactive Market Orientation）两种互补的类型，古典市场导向被归入市场驱动导向类别。市场驱动导向与古典市场导向定义基本一致，作为一种被动型导向（Narver et al.，2004），市场驱动导向是对现有市场结构中现有顾客的偏好和行为以及现有竞争对手的战略和行为的理解和反应（Jaworski et al.，2000），强调反应式商业逻辑并阐明顾客的显性需求（Mohr & Sarin，2009）。与市场驱动导向相反，驱动市场导向是一种主动型导向（Narver et al.，2004），关注未来市场，促使企业对未来潜在顾客需求和行为以及竞争对手战略和行为进行预测，并试图通过事先参与来对其进行影响和引导的一种方式（Kumar et al.，2000）。Narver等（2004）开发了MOPRO驱动市场导向测量量表和MORTN市场驱动导向测量量表。

综上所述，营销导向研究主要分为古典市场导向和新市场导向两个发展阶段，包括生产导向、销售导向、产品导向、市场驱动导向和驱动市场导向五个类型。

2. 营销导向的前因变量研究

在不断发展营销导向类别的同时，学者们还对不同类型营销导向的前因变量和结果变量进行研究。对营销导向前因变量的研究主要集中在市场驱动导向和驱动市场导向两个类型的营销导向上。在古典市场导向阶段，学者们主要对市场驱动导向的前因变量进行了研究。在新市场导向阶段，个别学者开始关注驱动市场导向的前因变量。

（1）市场驱动导向的前因变量研究。以Kohli和Jaworski为代表的一部分营销学者主要从企业内部探讨了古典市场导向的前因变量，并认为高层管理者重视、组织结构、薪酬体系是市场驱动导向的前因变量。

一是高层管理者重视。Kohli和Jaworski（1990）、Jaworski和Kohli（1993）将高层管理者重视作为市场导向的前因变量，认为企业高层管理者对市场导向的重视程度与企业的市场导向程度积极正相关。这与Felton（1959）、Webster（1988）等的研究相吻合，Pulendran等（2000）、林媛媛（2003）的后续研究也支撑了这种观点。

二是组织结构。Jaworski和Kohli（1993）指出，组织结构的集权化、部门化、正规化程度越高,越会影响信息在部门间的传递,阻碍企业响应市场需求,因而对市场导向有负向影响。但不同部门之间的联系越紧密,越有利于企业的市场导向。

三是薪酬体系导向。Kohli 和 Jaworski (1990) 指出企业薪酬体系的导向会影响市场导向,以顾客满意和市场导向行为作为评价依据的薪酬体系,会激发员工的市场行为和意识,对市场导向会有积极影响。

另外一些营销学者则主要从企业外部探讨了古典市场导向的前因变量,产业基础、政府管制程度、竞争状况 (Slater & Naver, 1995)、进入壁垒等五种产业竞争力量、市场成长状况 (陆雄文和朱宏杰, 2005) 等都会对市场导向产生影响。但在更多关于市场导向前因变量的实证研究中,学者们主要将企业内部的"企业家重视"因素作为市场导向的前因变量,而将企业外部因素作为市场导向与企业绩效的共变量进行分析,起到调节变量的作用(马勇, 2008)。

(2) 驱动市场导向的前因变量研究。由于驱动市场导向的提出时间较晚、古典市场导向概念相关的 MKTOR 量表和 MARKOR 量表的巨大影响力等原因,现有文献对驱动市场导向的前因变量探讨较少。学者们认为,企业家重视、组织文化、创新能力是驱动市场导向的重要前因变量。

一是企业家重视。企业家重视是驱动市场导向形成的首要因素 (Menguc & Auh, 2008),企业家通过价值观、目标等推动组织成员形成驱动市场导向行为 (MacKenzie et al., 2001)。

二是组织文化。一个外部取向、注重市场的组织文化促进驱动市场导向的形成 (Kennedy et al., 2003)。

三是创新能力。风险承担、营销知识、互动学习共同构成了创新能力,创新能力越强越有利于驱动市场导向的形成 (Carrillat et al., 2004)。

3. 营销导向的结果变量研究

与营销导向的前因变量研究类似,营销导向的结果变量研究也主要集中在市场驱动导向和驱动市场导向两方面。

(1) 市场驱动导向的结果变量研究。市场驱动导向的结果变量主要包括企业绩效、创新绩效、顾客满意三个变量。

一是企业绩效。市场导向与企业绩效之间的关系一直是营销学研究的焦点问题。一些学者认为市场导向与企业绩效有正相关关系。例如，Kohli 和 Jaworski（1990）、Naver 和 Slater（1990）、Jaworski 和 Kohli（1993）、陆雄文和朱宏杰（2005）等诸多国内外学者的研究都支撑这种观点。然而，后来的一些实证研究表明，市场导向与企业绩效之间的关系不显著或呈负相关关系（Macdonald，1995；刘石兰，2007）。

二是创新绩效。学者们对古典市场导向与创新绩效的关系也同样存在着分歧。一部分学者认为市场导向有利于创新绩效。如 Jaworski 和 Kohli（1996）、Gatignon 和 Xuereb（1997）、于洪彦和银成钺（2006）等。与之相反，一些学者的研究表明，市场导向与创新绩效具有负相关关系。例如，Bennett 和 Cooper（1981）指出市场导向程度高的企业倾向于从事模仿性产品创新而非原创新。Atuahene-Gima 等（2005）认为市场导向程度越高，企业产品新颖程度越低。

三是顾客满意。与企业绩效和创新绩效不同，学者们一致认为市场导向与顾客满意存在正相关关系。例如，Chang 和 Chen（1998）指出，市场导向与服务质量存在正相关关系。Webb 等（2000）指出市场导向不仅能改善服务质量，而且能提高顾客的满意度。贺艳春（2005）以医院为样本的研究同样证实了上述观点。

（2）驱动市场导向的结果变量研究。驱动市场导向的结果变量主要包括新产品绩效、企业绩效两个变量。

一是新产品绩效。Narver 等（2004）探讨了驱动市场导向和市场驱动导向与新产品成功的关系，他们认为相比市场驱动导向，驱动市场导向与新产品成功的关系更为强烈。Atuahene-Gima 等（2005）则认为市场驱动导向和驱动市场导向对新产品绩效有曲线影响，两种市场导向都是必需的。然而，只有当一个导向处于较高水平，而另一个导向的水平较低时，才能有效提升新产品绩效。市场驱动导向只有在特定情况下（如管理者具有高度战略共识）才对新产品绩效有正向影响。Beverland 等（2006）以中国 B2B 企业为案例研究对象，探讨了市场驱动导向和驱动市场导向对新产品开发的影响，大多数新产品绩效较好的企业具有较为强烈的驱动市场导向。Bodlaj 等（2012）探讨了市场和技术动荡下市场驱动导向和驱动市场导向与创新成功的关系，他们指出驱动市场导向是企业创新成功的决定因素，市场驱动导向只有在快速变革市场环境下才对创新和市场成功有积极影响。

二是企业绩效。Martín-Consuegra 等（2008）以零售银行为研究对象，探讨了驱动市场导向与企业绩效的关系，并认为驱动市场导向对企业绩效有正向影响。Vuuren 和 Wörgötter（2013）的研究同样证实了这种观点。Bodlaj（2011）检验了驱动市场导向和市场驱动导向对创新和企业绩效的影响，并发现只有驱动市场导向与创新新颖性正向相关，并认为两种市场导向对创新和企业绩效都没有直接影响。Habtay（2012）的研究结论则恰恰相反，市场驱动导向在快速变革市场环境下对创新尤其是破坏性创新有着负向影响。Lamore 等（2013）则研究了驱动市场导向和市场驱动导向——"营销—研发"集成——企业绩效的关系，驱动市场导向与营销绩效有正向影响，而市场驱动导向对营销绩效的影响则不明显。

4. 市场驱动导向和驱动市场导向关系的研究

在探讨市场驱动导向和驱动市场导向的前因与结果变量的同时，一些学者还探讨了市场驱动导向和驱动市场导向的关系。但这些实证研究在市场驱动和驱动市场两种市场导向的相互关系、适用环境上存在着相互矛盾的立场和观点。例如，一些学者认为，两者是互斥的（一个企业要么是市场驱动，要么是驱动市场）（Carpenter 等，2000）；另外一些学者则认为，两者是互补的（一个企业可以同时是市场驱动和驱动市场导向）（Jaworski 等，2000）；还有一些学者认为，两者是一个连续变量的两个极端，一个企业可以从驱动市场切换到市场驱动，反之亦然（Johnson, Lee & Grohmann, 2003）；最后，尽管驱动市场十分重要，但企业却经常忽视或未能充分运用主动的驱动市场导向（Tuli et al., 2007）。

5. 关于营销导向研究存在的缺口

从上述相关文献回顾可以看出，现有文献在营销洞察过程的营销导向（营销导向）研究方面，尚存在以下缺口：

（1）现有营销导向研究缺少纵向演变过程研究。从文献回顾看，以定量统计为主的实证研究方法在营销导向研究文献中占据了绝对统治地位。学者们普遍以横截面定量数据为主，探讨营销导向及其前因变量、结果变量、中介变量乃至控制变量的关系。但这种以横截面为主的数据，不能反映某一企业的营销导向变革过程。

（2）在企业家重视前因变量上，已有文献研究结论与我们所观察到的初步案例研究现象存在不一致之处。现有营销导向前因变量研究文献普遍将企业家重视作为市场驱动导向和驱动市场导向的直接前因变量，这也与我们所观察到的初步案例企业现象相冲突。例如，尽管商业模式创新企业和原有行业领导者都有卓越的企业家在引领企业变革，这些企业家高度重视市场导向，但两类企业却在市场驱动导向和驱动市场导向上，做出了截然不同的选择。

（3）在结果变量的研究上，忽视了营销导向与营销洞察的关系研究。不管是早期对市场驱动导向的结果变量研究，还是对驱动市场导向的结果变量研究，这些研究的关注点主要集中在企业绩效、新产品绩效、创新绩效、顾客满意四个方面，而较少探讨不同类型的营销导向与营销洞察的关系。

（4）在市场驱动和驱动市场两种市场导向的相互关系、适用环境上存在着相互矛盾的立场和观点。

二、关于靶向顾客的相关文献述评

营销洞察过程需要解决"企业面向何种类型的顾客收集信息"这一关键问题。顾客类型可以有多种划分方法（如按利润水平、消费者行为参数等）。本书从与营销洞察过程相关的视角对现有文献进行回顾。现有文献涉及的顾客类型主要包括主流顾客、新兴顾客、非顾客、领先顾客四种类型（见表2-4）。

1. 主流顾客

主流顾客是为行业所共知的、能为企业贡献主要收入的顾客群体（Kotler, 2003）。这种观点随着 Kotler 教材在营销学领域的流行，在主流营销学中具有广

表2-4 不同顾客类型的比较

	主流顾客	新兴顾客	领先顾客	非顾客
行业角度	①行业企业共同关注、共同追逐的目标顾客群 ②具有清晰、明确的需求	①行业企业尚未注意到的顾客群体 ②具有较为模糊的需求	①行业企业尚未关注 ②需求明确，但对技术领先性要求高	①行业内部企业忽视的群体 ②成本具有破坏性创新特征，无法满足
企业角度	①公司内部现有顾客群体中的核心顾客 ②对公司当期业务的收入和利润贡献度极大 ③其需求与公司目前现有的资源和能力相匹配	①处于公司现有顾客群体之外 ②与公司当期的收入和利润无关 ③其需求不确定。大多数与企业现有资源和能力不匹配	①处于公司现有顾客群体之外 ②与公司当期的收入和利润无关 ③需求明确，但企业现有资源和能力无法满足	①处于公司现有顾客群体之外 ②与公司当期的收入和利润无关 ③需求明确，但企业现有资源和能力无法满足
所处领域	①行业现有顾客群体内部 ②公司现有顾客群体内部	①行业现有顾客群体之外 ②公司现有顾客群体之外	①行业现有顾客群体之外 ②公司现有顾客群体之外	①行业现有顾客群体之外 ②公司现有顾客群体之外
核心特征	①需求清晰可见，且是共同需求 ②企业熟悉、对当期业绩至关重要	①需求模糊 ②企业不熟悉，处于现有价值结构之外	①领先市场 ②高新技术需求 ③预期收益较高	①低成本破坏性需求 ②对技术要求不高，但预期收益率低
学科领域	营销学	延续性技术创新	突破性技术创新	破坏性技术创新

泛且深远的影响。主流顾客导向是指"公司的重点是服务于最重要的当前客户，通过收集当前客户相关信息，开发满足其当前和预期需求的产品"（Govindarajan et al.，2011）。找准核心主流顾客是企业发展的第一步（布鲁姆，2013）。毕琳

和张逸昕（2005）提出按照80/20定律分布的顾客金字塔模型，将顾客分为主流核心顾客和非核心顾客进行分类管理，并指出企业要重点关注主流核心顾客。由于80/20定律在管理学领域的高度影响力，使得聚焦于主流顾客成为营销学文献的普遍默认观点。近年来，随着CRM、大数据分析等信息技术的发展，更为企业迎合主流顾客需求提供了强有力的手段（Anton，2000）。Danneels（2003）则从行为和心智模式之间的相互作用和自我强化联系入手，探讨企业与顾客之间的互动过程，组织行动是基于心智模式做出的，通过环境反应反馈回心智模式，从而揭示出企业具有偏重于主流顾客的自发取向。然而，随着技术创新等学科学者的加入，学者们开始注意到偏重于主流顾客的危害性。

2. 新兴顾客

针对主流顾客的局限性，强调延续性创新的技术领域学者从"新兴顾客"（Emerging Customer）角度寻求解决方案。尽管没有明确定义，但Bakken（2001）在早期技术经济领域学者的领先顾客基础上，最先提出了新兴顾客术语。Govindarajan等（2011）指出新兴顾客是"需求模糊，且不为行业所共知的、在企业现有顾客群体之外的顾客"，而新兴顾客导向是指企业对新兴的顾客细分市场感兴趣（Chandy & Tellis，2000），重在识别潜在顾客，构造与这些顾客的关系和沟通渠道，开发与其相关的知识（Danneels，2003）。Danneels（2003）提出企业与主流顾客之间的"紧—松耦合"机制（Tight-Loose Coupling）以便在主流顾客和新兴顾客之间保持平衡。Govindarajan等（2011）同时探讨了主流顾客导向和新兴顾客导向对根本性创新和破坏性创新的影响，主流顾客导向对根本性创新有正向影响，对破坏性创新有负向影响。新兴顾客导向对破坏性创新有正向影响，而与根本性创新没有关系。

3. 非顾客

针对主流顾客的局限性，强调破坏性创新的技术领域学者则从"非顾客"角度寻求解决方案。Christensen（1997）从破坏性创新角度提出了"非顾客"概念。所谓的非顾客就是企业现有顾客群体之外的顾客。企业过度关注大量的、熟悉的现有顾客，会面临错失破坏性创新的潜在风险。新顾客需求作为顾客当前福祉状态改变的结果，通常会在现有价值交换框架之外出现，企业要在现有顾客群体之外寻找新的顾客（Paap & Katz，2004）。一些学者开始探讨企业未能观察到现有顾客领域之外顾客的原因。Christensen（1997）指出专注于主流顾客的成熟企业会错失破坏性创新机会，而价值网、顾客信息收集方式、对高端顾客的追逐是企业专注于现有主流顾客的重要原因。Chandy 和 Tellis（2000）则从成熟企业入手，探讨了在位者的诅咒，指出感知激励、组织过滤器、组织惯例、在位者机会、公司规模等因素将成熟企业限定在主流顾客范围内，使他们很难发现主流顾客之外的顾客。

4. 领先顾客

技术创新领域的 Von Hippel（1988）最先从技术领先性角度提出高科技产业中的"领先顾客"（Lead User）概念。领先顾客能够早于现有顾客群体数年或数月接纳并对新技术做出判断，因而是产品创新的重要源泉。领先市场度、预期收益水平、预期创新水平是领先顾客的三个核心特征（Morrison et al.，2004）。此后，随着研究的深入，Bogers 等（2010）总结了"Users as Innovators"的相关文献，认为那些对新技术有着强烈需求的用户也可以成为创新的来源，并将领先顾客分为"终端使用者"（Consumer User）和"中间使用者"（Intermediate User）。近来，关于领先顾客的研究日渐关注如何使领先顾客更加积极主动地以"共创者"（Co-producer）的身份参与到企业的创新中（Vargo & Lusch，2004），软件行业的领先顾客成为学者们最常列举的重要例证（Franke & Von Hippel，2003）。国内学者李正卫（2010）的研究也提到了领先顾客对于突破性创新的作用。

5. 关于顾客类型研究存在的缺口

从上述文献回顾可以看出，营销学者主要侧重于主流顾客领域的研究，并着重从消费者行为等领域对顾客进行划分，为之后的市场细分做准备。反倒是延续性创新、突破性创新、破坏性创新等技术创新领域的学者注意到了偏重主流顾客的危害性一面，并提出了新兴顾客、非顾客、领先顾客等顾客类型概念。尽管上述文献的研究十分细致和丰富，但通过比较不同顾客类型，笔者发现，这些顾客类型与我们所观察到的商业模式创新企业实践存在一定的冲突。商业模式创新企业发现独特顾客价值的靶向顾客虽然游离于主流顾客群体之外，但与新兴顾客相比却需求清晰、与非顾客相比又处于行业和企业现有顾客群体之中、与领先顾客相比也对技术创新要求不高。这种理论与实践的冲突表明，顾客类型仍然存在研究缺口，是一个有待进一步探讨的问题。

三、关于分析流程的相关文献述评

目标顾客选择和顾客价值界定是营销洞察过程的分析阶段。营销学文献普遍将目标顾客选择和顾客价值界定作为一个流程予以研究，强调企业需要通过 STP 流程选择目标顾客和界定顾客价值。STP 流程主要分为市场细分、目标市场选择和市场定位三个阶段，自 Smith（1956）提出以来，已经成为所有营销战略的基石。

1. 市场细分

市场细分是 STP 流程的第一阶段，市场细分是指识别并描绘出因需要和欲望不同而形成的独特购买者群体（Dickson，1982）。巧妙的市场细分能够使企业找到有利可图的顾客、理解顾客的期望、分配资源、相对于竞争对手有效定位（Tapp & Clowes，2002），识别出独特的市场机会（Dibb & Simkin，2009）。在市场细分阶段，企业最重要的是要寻找特定的细分变量（如顾客需求、需要、偏好、购买意图、使用情境），一个好的市场细分需要满足可达性、可行性、可持续性、可营利性、响应性、稳定性等指标（Wedel et al.，2000）。

市场细分背后的逻辑假设是顾客需求异质性，即顾客的需求、偏好或期望价值维度都是异质的、多样的，并且这种多样性可以通过描述这些不同需求的区分变量予以捕获（Freytag & Clarke，2001）。分属于同一细分市场的消费者，他们的需要和欲望极为相似，分属于不同细分市场的消费者对同一产品的需要和欲望存在着明显的差别。市场细分通过将异质市场看作许多同质子市场，这些同质子市场是具有相似需求与相同特征的不同顾客群，企业回应不同子市场的顾客偏好，更精确地满足顾客需求。

2. 目标市场选择

目标市场选择是 STP 流程的第二阶段，目标市场选择就是企业根据自身能力、目标、竞争状况选择目标市场的过程，作为 STP 流程的中间阶段，这一阶段确定了公司的目标客户和潜在客户。在这一阶段，企业需要根据需求、成本和竞争优势等指标评估各个细分市场的财务吸引力，根据这些财务评估，依据这些细分市场的潜在营利性、与公司目标和战略匹配性等指标，一个或多个细分市场被选择出来作为"目标"。在评估和选择不同的细分市场时，企业必须考虑两方面的因素：细分市场的总体吸引力、公司的目标与资源。一方面，企业需要根据细分市场的吸引力、营利性等指标选择目标细分市场，一个成功的市场细分必须满足：可测量、足够大、可进入、可区分、可操作、敏感性、稳定性等指标；另一方面，企业需要考虑公司自身的能力和资源，即企业是否具备足够的资源和能力为目标市场提供价值（Kotler，2003）。

目标市场选择背后的逻辑是企业内部资源有限性。Wernerfelt（1984）等学者认为，任何一个企业的资源、人力、物力、资金都是有限的。企业通过选择目标市场，可以集中人、财、物及资源，去争取局部市场上的优势，然后再占领自己的目标市场（Barnes et al.，2007）。不仅如此，目标市场选择使企业有效配置内部的财务、人力、信息技术等资源和能力（Quinn，2009），促使企业将有限的资源高效地利用到最有利可图的、同质化的顾客群体上，提出对他们有意义、受追捧的价值主张（Dibb & Simkin，2009）。

3. 市场定位

市场定位是 STP 流程的最后一个阶段，市场定位是指企业针对所选择的目标市场，根据目标市场上同类产品竞争状况、顾客对该类产品某些特征或属性的重视程度，为本企业产品塑造强有力的、与众不同的鲜明个性，并将其形象生动地传递给顾客，求得顾客认同。市场定位主要包括竞争性定位、品牌定位两种定位。Porter（1980）首先提出了竞争性定位，就是企业通过对现有竞争者、供应商、顾客、潜在进入者等五种竞争性力量的分析，对企业自身拥有的差异化优势进行选择，使企业的产品或服务具有超越竞争对手的差异化优势。Trout 和 Ries

(2000)则提出了品牌定位概念,他们认为,消费者心智记忆是有限的,只有在品类中数一数二才能占领消费者心智。品牌定位即如何在预期顾客的头脑里独树一帜,其意义在于创造品牌核心价值,与消费者建立长期的、稳固的关系,为企业的产品开发和营销计划指引方向。

市场定位背后的逻辑是关键顾客价值要素假设,即构成顾客价值的诸多要素的权重是不同的,企业需要找到对顾客价值具有至关重要影响的关键顾客价值要素(Key Customer Value Factor,KSF)(韩选利,2004)。经典营销学文献强调"没有任何一个企业能够在所有的顾客价值构成要素上都表现出色,因此,企业需要识别并确定出有战略意义的关键顾客价值要素",为此,营销学者提出了顾客价值图(Gale,1994)、属性树(Attribute Trees)、竞争图景(Competitive Profile)、需求链(Waterfall of Needs)、竞争性关键顾客价值要素图(Kim & Mauborgne,2004)、层次分析法、主成分分析法、QFD 法、标杆企业对比分析法等多种方法寻找关键顾客价值要素或顾客价值驱动要素(成海清,2007),确定向顾客传递何种顾客价值。

4. 关于营销洞察过程的分析流程(STP 流程)研究存在的缺口

文献回顾和企业的普遍实践操作表明,STP 流程似乎已经成为营销学不可置疑的基本原理。STP 流程也确实通过严谨的逻辑结构和缜密的推理分析,有效地指导了现实的企业实践。然而,细究起来,不难发现,STP 流程是一种从宏观到微观、不断聚焦的分析过程,将顾客整体细分为若干个个体,通过细分切割市场,聚合同质客户达到资源优化和谋求竞争优势的目的。这既是上述理论的优点,也是其局限所在,主要体现为:

STP 流程本身具有一定的局限性。市场细分和目标市场选择淡化了外部市场的整体性一面,至少是忽视外部市场不同部分之间的协同和互动,而有限甚至是单一的关键顾客价值要素与顾客需求的整体性和系统性存在冲突。

更重要的是,经典营销学 STP 流程理论也与我们观察到的商业模式创新企业实践相冲突。商业模式创新企业并没有进行精美的市场细分,也没有通过关键顾客价值要素建立竞争优势。而是从市场整体出发,注意到两个甚至多个截然不同领域顾客的互补性需求，并通过向顾客提供"一揽子"顾客价值的方式，解决顾客的整体性和系统性问题。商业模式创新企业的实践和经典营销学 STP 流程理论之间的冲突表明，关于目标市场选择和顾客价值界定问题仍然是一个有待进一步探讨的理论问题。

第三章 研究设计

研究设计是用实证资料把需要研究的问题和最终结论连接起来的逻辑顺序，指明哪些资料与要研究的问题相关，需要收集哪些资料，如何分析结果。本章阐述为了回答前述研究问题所采用的研究设计。首先，对案例研究企业的选择进行了说明，介绍了选择相应案例研究企业的原因，对这些案例研究企业的基本情况进行了介绍，为后续案例研究发现和研究讨论的开展做好背景铺垫；其次，本章涵盖了数据收集和数据分析内容，介绍了本书所采用的数据收集、数据分析的方法、步骤等；最后，讨论了本书的信度、效度和理论饱和度等问题。

第一节 案例设计与案例选择

在选择定性的案例研究方法并介绍案例研究方法的正当性后，本书对研究设计进一步细化，即在单案例研究和多案例研究中做出选择，同时要选择具体的案例研究对象。

一、案例设计——对比性多案例

本书采用对比性多案例研究，这种案例设计集中体现为两个特点：一是采用多案例，二是采用对比性多案例。

一方面，本书采用多案例的研究设计。开展案例研究面对的首个问题就是在单案例和多案例之间做出选择。作为一个探索性案例研究，本书采用了多案例，而不是单案例，主要有三个原因：

（1）基于理论普适性的考虑。与定量实证研究遵循抽样逻辑不同，案例研究遵循的是复现逻辑，并且案例研究可以进一步分为单案例研究和多案例研究。Eisenhardt（1991）指出，尽管单案例研究可以"讲好故事"，且丰富的背景描述是必要的，但好的理论，从根本上来说还是来源于严谨的研究方法和多案例对比的分析逻辑。基于多案例实验的理论构建基础更牢固、更准确，也更具有普适性。多案例能够相互比较，澄清新的发现是否仅仅是单案例所特有的，还是能不断被多个案例重复得到（Eisenhardt，1991）。每个案例要么能产生相同的结果（逐项复制），要么因可知的原因产生不同结果（差别复制）（Yin，1981）。

（2）基于理论饱和度的考虑。通过案例研究探索理论的一个核心就是案例研究的复制逻辑，即每一个案例都能够被视作一个独立的试验，是自成一体的单元。而多案例就好比一系列相互关联的试验一样，通过多个不连续的试验，研究者能够对从案例中形成的理论进行对比、重复和扩展。虽然单案例能够详尽地充分展示和描述某一独特现象，但多案例研究却能够使所构建的理论具有更加坚实的基础（Yin，1981）。多重案例得到的证据，通常都被认为是较强有力的，因此，整个研究常被认为是较稳健的。采用多案例研究在最大程度上提高了所构建理论的饱和度，使案例研究更加全面、更加有说服力，能提高案例研究的有效性。

（3）基于理论拓展的考虑。Eisenhardt（1991）指出，因为案例研究的数量通常都较少，因此即使新增很少的案例也能显著影响所构建理论的质量。例如，在一个单案例的研究中新增三个案例，就数量来说并不算多，但其分析效力却是原来的四倍，有利于促进对研究问题更广泛的探索和理论提炼。

另一方面，本书在多案例研究中采用对比性案例研究设计。在明确采用多案例研究的基础上，本书为了更好地提高所构建理论的普适性、饱和度和拓展性，采用了对比性多案例设计。所谓的对比性多案例设计是指在采用多案例的基础上，在每一组内选择两个处于同样背景，但却有着鲜明差异的相互独立、对比性极强的案例。这种对比性多案例设计主要借鉴双尾设计（Yin，1981）、两极模式（Eisenhardt，1989）、阴阳案例（Li，2012）观点：

（1）Yin（1981）的双尾设计理念。Yin（1981）指出最简单的多案例研究设计就是选择两个或多个案例进行逐项复制，研究者可以在逐项复制过程中加入差别复制，双尾设计（Two-Tail Design）就是一个典型的复杂多案例研究设计。在双尾设计中，研究者特意在每一组内安排两个相互矛盾的极端案例进行研究，在组与组之间形成差别复制，在组内形成逐项复制，两者互相补充，提高研究设计的周延性。

（2）Eisenhardt（1989）的两极模式。所谓的两极模式就是将案例进行配对，然后列出每对案例之间的相同点和不同点。Eisenhardt（1989）指出，在多案例研究中，两级模式的理论抽样方法能够比较容易地发现数据中对立的模式（Eisenhardt & Graebner，2007），将两个相互对立的案例分为一组，有利于充分地对比案例，寻找案例之间细微的相似和不同之处，以便启发全新理论的创建或原有理论的改进（Eisenhardt，1989）。这种强制比较会产生研究者没有预想到的新类别和新构念。Eisenhardt等的一系列案例研究文章均采用这种两级模式，这也是本书借鉴这种模式的根本原因。

（3）Li（2012）的阴阳案例观点。Li（2012）提出了阴阳案例方法，即在案例研究中从选择存在重大学术争议的问题入手，并选取能够分解代表争议双方观点的典型案例进行比较研究，以便构建整合双方观点的新构念和新理论。

二、案例选择

本书选择机械制造、房地产、管理咨询三个传统行业中的三组六个企业，作为案例研究对象。其中陕鼓集团和沈鼓集团是机械制造行业的对比案例研究对象，万达集团和万科集团是房地产行业的对比案例研究对象，和君咨询和正略咨询是咨询行业的对比案例研究对象。其中，陕鼓集团、万达集团、和君咨询是商业模式创新企业的典型代表，沈鼓集团、万科集团、正略咨询是同行业原领导者的典型代表（相关证据如表3-1、表3-2、表3-3所示）。我们之所以做出上述案例选择，主要是基于如下考虑：

（1）案例研究对象的代表性，这些案例研究对象企业具有非常鲜明的行业代表性、企业代表性、过程匹配性。

1）行业代表性。机械制造、房地产、管理咨询这三个行业都是传统行业的典型产业。它们都具备稳定增长、技术成熟、竞争激烈，但竞争态势比较稳定等特征，同时分布在制造业、服务业等多个类别，较好地提升了理论的外延性。

2）企业代表性。商业模式创新作为一种非常规的创新方式，实现起来较为困难。但陕鼓集团、万达集团、和君咨询都是业内公认的商业模式创新企业，而沈鼓集团、万科集团、正略咨询是与商业模式创新企业处于相同行业的原行业领导者，并且这些同行业原领导者的营销洞察实践均与经典营销学理论相符。

3）过程代表性。陕鼓集团、万达集团、和君咨询都是在企业按照行业既定假设的前提下，存续相当长一段时间，从某一时间节点开始，打破了行业既定假设，形成了新的营销洞察，进而实现了商业模式创新。他们在时间节点上，符合本书所界定的营销洞察"清晰→模糊→再清晰"的过程。

（2）案例企业的数量考量，本书选择了3组共6个案例，主要原因在于：

1）案例资源的稀缺性。商业模式创新是一种非常规的企业层次创新，符合严格商业模式创新概念的企业数量本身就较少，不仅如此，典型的商业模式创新企业通常集中在互联网和信息技术等领域，传统行业中的商业模式创新企业数量就更少。在可获得的资源范围内，我们选择了这3组6个案例。

2）时间的约束。开展案例研究需要长期跟踪现实中的企业，并对大量、丰富的质性研究数据进行归纳和分析，本书从2009年着手开展研究，受研究进展时间的限制，使研究者没有充裕的时间跟踪、分析其他传统行业的案例企业。

3）不存在理想的案例数目。Eisenhardt和Graebner（2007）指出，在多案例研究中，并不存在理想的案例数目，一般4~10个案例通常效果不错。多案例的

第三章 研究设计

表3-1 商业模式创新案例企业基本情况

名称	成立时间/状态	创新时点/现状态	原商业模式	新商业模式	商业模式创新的直接证据	商业模式创新的间接证据 学术界证据	商业模式创新的间接证据 实业界证据
陕鼓集团	·1968年 ·三线企业，保吃饭状态，微利生存	·1999年 ·中国风机制造行业的新领军者	风机制造	全方位动力设备系统问题的解决方案提供商和服务商	·目标客户：从单维度"钢铁行业企业"向多维度"多行业流程型企业、金融机构、上游供应商"等客户转变 ·价值模式：从"风机设备的解决方案和价格"向"全方位设备系统的解决问题的性能和价格"转变 ·运营模式：从"小而全"封闭式企业结构向"陕鼓成套技术暨设备协作网"轻资产模式转变 ·盈利模式：从"线货两清"向"金融企业+核心企业+客户"的三位一体融资租赁模式转变；从出售设备向出租设备转变；从出售硬件向出售服务转变	·杨才君等（2011） ·孙林岩等（2011） ·诸雪峰等（2011）	2013年CCTV《大国重器》制造业商业模式创新转型的典型
万达集团	·1988年 ·局限于大连市本地的多元化的小型民营企业	·1999年 ·世界顶尖商业地产投资商和运营商	住宅地产开发	万达广场城市综合体	·目标客户：从单维度"房屋购买者"向多维度"住宅购买者、商业企业、地方政府、基建商"等客户转变 ·价值模式：从"住宅的质量和价格"向"一站式城市生活配套服务"和"全国性商业运营平台"转变 ·运营模式：从"房地产开发商"向"订单地产""万商会"等模式转变 ·盈利模式：从"出售住宅"向"现金流滚资产"模式转变	·朴楠和张闯（2010） ·胡挺（2013）	·2010年"21世纪最佳商业模式创新奖"（《21世纪商业评论》） ·2014年万达书进入地产业丛书百所高校
和君咨询	·2000年 ·二线濒临倒闭的本土管理咨询公司	·2006年 ·中国本土咨询的新领军企业	管理咨询	"咨询+资本+商学院"一体两翼	·目标客户：从单维度"大型企业、合伙人"向多维度"中小企业成长全方位投资者、提供管理咨询服务"等客户转变 ·价值模式：从"提供管理咨询服务"向"提供管理咨询服务"转变 ·运营模式：从"小而全咨询公司"向"一九合体制"模式转变 ·盈利模式：从"直接收取咨询费"向"现金、股权"等多种收费方式转变	暂无	2012年度"中国最佳商业模式奖（《21世纪商业评论》）

· 45 ·

表 3-2 同行业原领导者企业基本情况

名称	成立时间	作为同行业原领导者证据	商业模式及变化情况	作为同行业原领导者的间接证据 学术界证据	作为同行业原领导者的间接证据 商业界证据
沈鼓集团	1934年	·1952年，国家投资对沈鼓进行扩建改造，被确定为全国第一家风机专业制造厂 ·1982年生产出我国第一台大型离心压缩机 ·沈鼓集团苏永强董事长是中国通用机械工业协会会长（陕鼓集团仅为副会长）	风机设备制造，无变化	刘健（2008）	·2013年CCTV《大国重器》制造业行业领导者的典型 ·2014年中国机械工业百强企业 ·十年发展突出贡献奖
万科集团	1984年	·1991年成为深圳证券交易所第一家上市公司 ·国内最大的住宅地产开发企业，销售规模持续居全球同行业首位	住宅地产开发，无变化	·马明（2012） ·周庆弦（2010）	·连续多年蝉联房地产行业销售额冠军 ·连续八次获得"中国最受尊敬企业"称号（北京大学管理案例研究中心）
正略咨询	1992年	·2004~2006年北京科技咨询业协会理事长单位 ·被誉为中国咨询业的"黄埔军校"	管理咨询服务，无变化	暂无	·2004年"中国Top10金牌管理咨询公司" ·2007年"十佳咨询机构" ·2008年"中国咨询业十大领导品牌"

第三章 研究设计

表 3-3 商业模式创新企业与同行业原领导者的区别

	同行业原领导者		商业模式创新企业
对行业的认识	沈鼓集团	・风机行业结构是固定的，选择聚焦于高端市场 ・遵循风机行业固有的假设，围绕技术和成本开展竞争 ・行业配称，SWOT分析，根据固有的技术优势，选择技术创新作为突破口，建立竞争优势	・行业结构是变动的，从制造领域走向服务领域，从钢铁行业向无边界拓展 ・没有遵循固有的风机行业假设，在制造之外的服务领域开展竞争 ・没有遵循固有行业配称，而是整合外部产业资源、金融资源，调整内部资源，打造轻资产模式
	万科集团	・房地产行业的结构是固定的，通过细分市场聚焦于特定的顾客 ・遵循房地产行业固有的假设，围绕品牌、物业、质量等房屋居住属性开展竞争 ・行业配称，SWOT分析，去多元化，做减法，聚焦有限的资源，实现住宅专业化发展	・房地产行业结构是变动的，将住宅地产、商业地产、酒店等进行了有效整合嫁接 ・打破了商业地产的现金流，投资回收期长的假设，现金流滚资产、订单地产模式创新 ・没有遵循行业配称，多元化发展，做加法，从住宅不断向商业地产、酒店、院线、文化等领域延伸
	正略咨询	・咨询行业结构是固定的，选择聚焦于特定行业的大型企业 ・遵循咨询行业固有的假设，围绕顾问培养和案例数据库提升管理咨询水平 ・行业配称，SWOT分析，聚焦有限的资源，专注于管理咨询主业	・咨询行业结构并不是固定的，将资本、商学培训与咨询服务嫁接为一体 ・打破咨询之外的资本服务，以"一九体制"整合外部资源，同时，在管理咨询之外的资本服务、人才培训服务等领域建立竞争优势，商学等领域延伸 ・没有遵循行业配称，多元化发展，从咨询向资本、商学等领域延伸

· 47 ·

续表

		同行业原领导者		商业模式创新企业
对竞争的认识	沈鼓集团	・价值链竞争，在技术和制造两个风机制造价值链关键环节建立竞争优势 ・零和竞争，在主导市场，分毫不让，特别强调市场份额	陕鼓集团	・价值网竞争，组建"陕鼓成套技术暨设备协作网""金融企业+核心企业+客户企业"等价值网 ・竞合共赢，通过价值网与包括竞争对手在内的企业，建立合作共赢的模式
	万科集团	・价值链竞争，通过快速周转、快速开发、快速销售盈利，并通过客户关系、物业等环节建立竞争优势 ・零和竞争，强调规模领先，市场份额的占领	万达集团	・价值网竞争，组建万商会，为客户提供一站式城市生活解决方案，而不是集中于某一特定环节 ・竞合共赢，与客户、地方政府、承建商、金融机构建立广泛的战略合作伙伴关系
	正略咨询	・价值链竞争，在咨询服务价值链的人才和数据关键环节建立竞争优势 ・零和竞争，通过专业实用的价值诉求，强调与麦肯锡等外资已头和国内咨询企业的直接价格战	和君咨询	・价值网竞争，将产业投资者、咨询企业、外部合伙人等嫁接到和君咨询的平台上，形成共融共生的商业生态网络 ・竞合共赢，与客户共同成长，而不是单纯地为客户服务、盈利
对顾客的认识	沈鼓集团	顾客是风机设备购买者，并且只关注单一的买方	陕鼓集团	顾客不仅是风机设备购买者，还是重要的资源；其顾客包括风机设备购买者、金融企业、商业企业、地方政府、外委外协厂商
	万科集团	房屋购买者单一买方	万达集团	房屋购买者、商业企业、地方政府、承建商、金融机构等多个维度顾客
	正略咨询	咨询服务购买企业单一买方	和君咨询	咨询服务购买企业、产业投资者、外部合伙人等多个维度顾客

选择不再是基于特定案例的独特性，而是更多地基于案例群对理论发展的贡献。多案例的选择是基于理论的原因，如可重复性、理论拓展、对立重复以及派出其他可能的解释（Yin, 1981），本书所选择的 3 组 6 个案例比较充分地实现了 Yin 所提出的各项指标，满足了案例研究必要的信度和效度要求。

三、案例企业基本情况

陕鼓集团、万达集团、和君咨询是商业模式创新企业的典型代表，表 3-1 展示了它们之所以是商业模式创新企业的直接和间接证据。沈鼓集团、万科集团、正略咨询是秉承常规营销学理论的原有行业领导者，表 3-2 展示了它们之所以是行业原有领导者的直接和间接证据。表 3-3 则从行业、竞争、顾客三个维度展示了它们彼此的区别。

第二节 数据收集

本书采用二手资料、访谈调研和实地调研为主的多种方式收集案例研究对象的相关资料。

一、二手资料

本书探讨的是一个过程性问题，本书重点采用二手资料方法收集历史数据，通过历史研究法来建构和还原相关案例研究对象企业的营销洞察过程。本书之所以重点采用二手资料和历史数据来建构理论，主要原因包括：

（1）这些案例研究对象的营销洞察过程几乎都是"过去时态"，而不是"现在进行时"。历史数据是反映和记载传统行业商业模式创新企业的营销洞察过程诸多信息的直接载体。

（2）相关的历史数据都是立场超然的，它们不偏不倚地反映了案例研究企业当时的行动和策略，因为能够揭示更多更详尽的营销洞察过程事实真相。更重要的是，这些历史数据让我们了解到每一个案例研究对象彼时所采取的行动与策略所导致的其在营销洞察方面的今日结果。

（3）时间节点的要求。本书围绕传统行业商业模式创新企业在商业模式创新前后对顾客价值"清晰→模糊→再清晰"的时间节点，收集这些案例研究对象在该时间段内的相关资料，属于回顾式的"纵贯研究"（Longitudinal Study），这种数据允许我们将时间切割成若干阶段，以便研究同一时期和不同时期相关阶段的数据特征，从历史数据纵向分析中所产生的洞察力，引导我们揭开传统行业商业模式创新企业营销洞察过程的神秘面纱。

（4）对这些案例研究对象历史数据的收集主要通过中文期刊全文数据库、万方数据库、维普数据库等数据库和百度、Google 等互联网搜索引擎，以及各案例研究对象的公司网站、内部档案文件等多种信息来源渠道予以搜索到的。

二、访谈调研

本书还采用了访谈调研的方法开展了数据收集工作。案例研究中的深度访谈有时是跨越时间测量观察的唯一方法。为了追求案例研究数据资料的准确性和深度性，本书在广泛收集二手资料历史数据的基础上，还辅以特定人员深度访谈的方法，以接近纵贯研究的方式，请相关案例研究企业的关键受访人员回忆过去所发生的事，以便加强深度访谈和二手资料历史数据的彼此相互印证。

在访谈人员的确定上，我们主要访谈了六家案例企业历史事件的直接经历者，他们经历了企业营销洞察过程的特定关键历史事件。对于陕鼓集团、沈鼓集团、万达集团、万科集团，本书主要以国务院国资委下属中国大连高级经理学院相关培训和软课题研究为契机，由本人博士导师对相关企业高管进行了访谈（笔者是随行人之一）。对于和君咨询和正略咨询，由于笔者本人曾在正略咨询工作，以及与和君咨询相关合伙人关系良好，笔者对案例企业相关历史事件较为了解，并对两家企业的合伙人进行了访谈。

在访谈调研的实施上,为了使深入访谈得以顺利进行,笔者事先整理出半结构化的访谈调研提纲,并提前若干天通过电子邮件或传真的方式发给受访者。访谈时依序提出,受访者则依序做开放式的自由回顾答复,属于结构式开放的访谈。除了笔者现场记笔记之外,我们还在承诺保密的情况下对重要访谈人员进行录音以避免遗漏关键信息。在一天/一次访谈实施结束后,笔者根据访谈信息对访谈调研提纲进行调整,使之符合新的情况。

三、实地调研

本书还采用了实地调研的方式收集资料。实地调查是应用客观的态度和科学的方法,对某种社会现象,在确定的范围内进行实地考察,并收集大量资料以分析,从而探讨社会现象。现场观察法和询问法是两种主要的实地调研方法。

(1)运用现场观察法进行实地调研。为了对各个案例研究对象的营销洞察过程有一个更直观的了解,笔者对陕鼓集团、沈鼓集团、万达集团、万科集团、和君咨询和正略咨询等案例研究对象的标杆性项目进行了实地调研。

(2)通过询问法进行实地调研。在实地调研过程中,我们尤其关注对这些案例研究对象的顾客进行访谈调研,了解其对案例研究对象提供的顾客价值的理解和认识。这种对案例研究对象的顾客进行的访谈调研和实地调研,有助于消除可能的信息偏差。

此外,在数据收集过程中,笔者还注意将回顾式案例与实时性案例结合起来(Leonard-Barton,1990)。回顾式案例依赖于访谈(和档案数据),因而能迅速积累案例的数量和深度,由此能使笔者接触更多的访谈对象并增加案例的数量。如果所研究的事件是新近发生的,这种回顾式访谈尤其准确。相反,实时性案例采用的是通过访谈和经常式观察法来进行的纵向的访谈数据收集。

第三节 数据分析

作为一个以归纳为主的定性探索式案例研究，本书采用了经典扎根理论的数据分析方式。同时作为一个对比性多案例研究，本书采用了多案例研究典型的先案例内分析、后跨案例分析的步骤，对所收集到的数据进行了分析。

一、数据转化和案例描述

数据转化和案例描述是本书在数据分析阶段开始的第一项工作。

数据转化是案例研究的前提。案例研究数据分析的核心是通过在二手资料历史数据和访谈调研一手资料之间的"三角验证"，提供对研究问题更为丰富和可靠的解释（Jick，1979）。笔者利用了有道云笔记软件，首先将纸质档案文件、访谈录音、视频资料、网站资料等多种形式的数据转化为网易云阅读文档，分企业按照年份顺序编排。此后，在后续的研究中，笔者利用有道云笔记软件，仍然持续地收集相关案例研究企业的资料并进行数据转化和分析，这一工作一直持续到本书初稿完成。

在数据转化的基础上，笔者通过制定案例研究对象的课件，完成案例描述。在数据转化过程中，笔者完成了对原始材料的阅读。在此基础上，笔者分别对商业模式创新企业的商业模式、商业模式创新过程，以及同行业原领导者的发展战略等进行了初步梳理和案例描述，制定了相关课件。通过对这些案例进行的描述，笔者在数据分析阶段有效地处理大量的质性研究数据，使笔者对相关案例研究对象有初步全面的看法。

在数据转化和案例描述之后，本书通过单案例内扎根理论编码分析和跨案例分析完成数据分析工作。

二、扎根理论编码分析

为了分析大量的质性资料，归纳地建立理论，完成探索性案例分析，笔者首先以单个案例企业为研究对象，采用质性研究中普遍采用的扎根理论分析方法进行单案例内的编码分析（Strauss & Corbin，1990）。编码是把资料分解、概念化，然后再以一个崭新的方式把概念重新组合的操作流程。扎根理论的分析部分由开放性编码、主轴编码、选择性编码三个主要的编码步骤所构成。

1. 开放性编码

开放性编码是将资料分解、检视、比较、概念化和范畴化的过程。开放性编码是借仔细检验而为现象取名字或加以分类的分析工作。本书首先通过开放性编码将收集来的资料分解成一个个单位，仔细检视，比较其间异同，针对资料所反映的现象，提出问题（Strauss & Corbin，1990）。

定义现象（概念化）是开放性编码的第一程序（Strauss & Corbin，1990）。在扎根理论分析中，概念是分析的基本单位。通过扎根理论进行数据分析的第一要务是把资料转化为概念（概念化），即把每一个观察到的现象、访谈文件或任何二手资料里面的一个句子、一个段落，都予以分解而且加以概念化。从而将原始资料分解为独立的故事、念头、事件，再赋予一个可以代表它们所指现象的名字。笔者首先采用具有较低诠释性的描述性代码，把一类现象归给一个词汇，形成最初的自由节点；其次，在笔者对案例企业的现象更为了解之后，笔者采用了具有一定诠释性的诠释性代码，通过案例内分析，在不同案例研究企业中形成概念化编码。

发掘范畴（范畴化）是开放性编码的第二程序（Strauss & Corbin，1990）。范畴化是指把与同一现象有关的概念聚拢成一类的过程。范畴代表某一个特定现象，它能以己为中心，把其他种类的概念聚拢成为概念集，或假设出某种关系，因而有利于理论的建构。

为范畴取名字是开放性编码的第三程序（Strauss & Corbin，1990）。在范畴化之后，笔者需要为范畴命名。范畴的名字要比它所涉及的概念，在抽象层次上高一层级。笔者为范畴所取的名字，可以来自学科或文献中已有的概念，也可以自己引入颇为引人入胜的词语。笔者采用具有高度抽象性的模式/主题代码，通过跨案例分析，从不同案例企业的概念化编码中抽离出主题或模式，形成本书的范畴化编码。

2. 主轴编码

在做完开放性编码之后，笔者通过典范模式——就是借所分析现象的条件、脉络、行动/互动的策略和结果，把各个范畴联系起来，于是资料又被组合到一起的过程。典范模型帮助笔者系统地思考资料，而且可以把资料借其间复杂的关系统合起来（Strauss & Corbin, 1990）。典范模型简化如下：（A）因果条件（多数）→（B）现象→（C）脉络→（D）中介条件（多数）→（E）行动或互动的策略（多数）→（F）结果（多数）。其中，因果条件是指"导致一个现象产生或发展的条件、事件或事故"；现象是指"针对具有核心地位的观念、事件、事情、事故，会有一组行动或互动来管理、处置，或会有一组行动发生"；脉络是指"一个现象的事件、事故，在它们面向范围内的位置的总和，是行动或互动策略之所以发生的一组特殊条件"；中介条件是指"一种结构性条件，它会在某一特定脉络之中，针对某一现象而采取有助的或抑制的行动或互动上的策略"；行动/互动是指"针对某一现象在其可见、特殊的一组条件之下，所采取的管理、处理及执行的策略"；结果是指"行动/互动的结果"。

在主轴编码阶段，笔者所问的问题实际上都是在探讨某种关系是否存在，其核心目的是要联结主范畴和副范畴。主轴编码并不是要把几个范畴联系起来建构出一个全面性的理论性框架，而是通过典范模型，使一个范畴和它的副范畴之间的关系被联系起来，达到资料被重新整合的目的。

3. 选择性编码

选择性编码是扎根理论分析的最后一个阶段。选择性编码是指"选择核心范畴，把它有系统地和其他范畴予以联系，验证其间的关系，并把概念化尚未发展完备的范畴补充整齐的过程"。选择性编码主要涉及故事、故事线、核心范畴等概念。所谓的故事是指"针对一项研究的中心现象所做的描写式记叙"，故事线是指"概念化后的故事,就是核心范畴",核心范畴是"所有其他范畴以之为中心而结合在一起的中心现象"(Strauss & Corbin,1990)。

选择性编码主要分为四个步骤。第一步是开发故事线,即用收集来的资料以及由此开发出的范畴、关系等,来思考一个可以扼要说明全部现象的核心,称之为故事线;第二步是借资料里所呈现的因果条件、脉络、策略及结果等典范模型上的单位,把核心范畴与其附属范畴连到一起;第三步是通过范畴的层次把各个范畴加以连接;第四步是建立并验证关系,形成命题假设。

第四节 信度和效度

本书遵循科学研究的法则,严格按照案例研究的标准,从信度、构念效度、内部效度、外部效度和理论饱和度方面,保证研究的信度和效度。

一、信度

信度是指研究被复制的可能性(Babbie,2013)或研究的复制性(陈晓萍等,2008),主要是确保资料收集可以重复实施,并得到相同的结果。本书主要通过如下方法保证研究的信度。

(1) 我们所开展的案例研究主要是基于历史事件的描述,这些事件是通过对事件关键亲历者的访谈和内部文件描述的,这些研究是能够被复制的。这些历史文件和事实都是实际发生过的,这些数据都经历了时间的检验和访谈证实,其本身是稳定的、准确的,其他人可以利用这些文件对研究结果进行审查并得出相同或相似的结论。

(2) 我们在研究过程中建立了数据库(Yin,1981),所有的原始二手资料和访谈数据都被完整地保存下来,如前所述,我们是分案例、分年度,按照时间节点编号保存。

（3）我们每一个构念以及构念与构念之间关系的形成都是在特定事实基础之上的，这种基于事实的分析而不是臆断，其他研究者可以在相同事实基础之上得出相同结论。

二、构念效度

构念效度是指"针对所探讨的概念，进行准确的操作性测量"（陈晓萍等，2008）。本书主要通过如下方法保证构念效度。

（1）多重证据来源的三角验证。本书采用了包括期刊文献、报纸文献、公司档案、访谈资料、实地调研等多种数据来源，既包括二手资料，也有一手访谈资料，多种来源的证据能够取长补短、相辅相成。

（2）长期跟踪和多轮次动态分析。如前所述，我们的数据分析工作并不是一次性完成的，而是在长达5年的时间内持续跟踪案例研究对象，并通过多个轮次的单案例和多案例分析才得出最终结论的，这种长期跟踪和多轮次动态分析在一定程度上避免了数据误差和分析误差。

（3）重要信息提供人的审查。我们在长期跟踪中，对案例企业形成了研究报告，并在研究所内部、案例研究企业等进行多次汇报。通过重要信息提供人审阅报告与资料，来确保资料与报告能反映所要探讨的现象，而非只是笔者个人的偏见。

三、内部效度

内部效度是指"建立因果关系，说明某些条件或某些因素会引发其他条件或其他因素的发生，且不会受到其他无关因素的干扰"（陈晓萍等，2008）。本书重点采用以下三种方法提升内部效度。

（1）时间序列设计。先分析所要观察的变量或事件在时间上是否具有先后顺序，再推论其中的前后因果关系。当某些事件发生在先，并导致另一事件发生或改变时，即可推论两个事件就有因果关系。

（2）文献比对。Eisenhardt（1989）提出与现有文献、类似文献进行对比是提高内部效度的有效方法。本书在每一个研究发现之后都与现有文献和类似文献进行对比。

(3) 竞争性解释。Yin（1981）指出分析与之相对立的竞争性解释也是提高内部效度的一个途径。本书的分组配对案例选择，使得对每一组配对案例的分析天然地形成了一种竞争性解释，并且通过在数据分析过程中与现有文献的对比，也能够有效地提升内部效度。

四、外部效度

外部效度是指"研究结果可以类推的范围"（陈晓萍等，2008）。与定量实证研究的外部效度依靠统计类推不同，我们在探讨案例研究的外部效度时，采用的是分析类推概念，即在某一案例中得到的结果，可以在以后的案例中重复出现，由此证实该案例所获得的结果确实存在。本书主要通过如下方法保证外部效度：

(1) 通过对案例企业的选择提升外部效度。如前所述，通用机械制造、房地产、咨询是典型的传统行业，而陕鼓集团、万达集团、和君咨询分别是这三个传统行业中的典型商业模式创新企业，行业代表性、企业代表性和营销洞察过程代表性有效地提升了本书的外部效度，使之具备向一般性情景推广的可能性。

(2) 通过对比性案例提高外部效度。处于同一行业中不同企业在营销洞察上的鲜明的对比性，是一个提高研究外部效度的最佳途径。这种基于现实企业鲜明对比实践所形成的鲜活结论，有助于提升外部效度。

(3) 通过分析提升外部效度，例如，从案例到理论再到更加一般性的结论。案例用来帮助阐明和指出那些需要更好理解理论的议题。

五、理论饱和度

理论饱和度是决定何时结束案例研究的一个重要指标。案例研究采用的是归纳逻辑，即从个案到一般性结论的过程，Strauss 和 Corbin（1990）提出将"理论饱和度"作为描述结论"一般性"的程度。理论饱和度是指"无法获取额外的数据使分析者进一步发展某一结论的时刻"。尽管实际研究过程中几乎无法达到最高的理论饱和度，但在本书过程中，笔者通过如下方式尽可能追求结论的一般性，即较高的理论饱和度。

（1）信息饱和。就本书所提及的三组配对案例企业而言，笔者无论是从内部还是外部渠道所收集的信息已经出现了大量的重复，在多年的持续案例跟踪中，几乎未有新的信息浮现。此外，在本书所提及的三组配对案例之外，笔者还关注了建筑施工行业的中国建筑股份有限公司（"四位一体"城市综合开发商业模式创新）、养老地产行业的上海亲和源（会员卡养老）、北京太阳城（养老地产综合体）、武汉合众人寿（CCRC）、信息服务领域的华录集团等其他行业的商业模式创新企业，从这些其他商业模式创新企业的数据中，也没有浮现新的、足以颠覆现有构念的新构念。按照 Strauss 和 Corbin（1990）的标准，当笔者无法从案例中获取更多的额外信息，新增案例也无法提供更多信息时，案例研究基本达到了"信息饱和"。

（2）理论与资料的契合。Strauss 和 Corbin（1990）认为，当理论或概念与资料契合的改善十分有限之后，则可以终止资料的分析。本书先后经历 13 次主要的修改，以"多边顾客"为例，笔者对该构念的分析先后经历"双边市场"→"双边顾客"→"多边顾客"等多次修改，最终达到构念与资料所描述现象之间的匹配。

（3）参照理论的对比。本书判断理论饱和度的另一个重要依据是与营销学现有理论和概念的对比。以营销学中已有理论和概念为参照物，本书与之对应地提出了新的构念。这些新的构念是新鲜的、重要的，这种与参照理论的鲜明对比使笔者有信心断定本书接近了理论饱和点。

第四章 双元营销导向演变过程

本书的第一个研究发现是,在营销导向上,商业模式创新中营销洞察过程与营销学中的营销洞察过程存在显著差异。商业模式创新企业存在一种从"弱市场导向"向"驱动市场导向"演变,继而向"双元市场导向"演变的双元营销导向演变过程,而同行业原领导者则具有从"弱市场导向"到"市场驱动导向"的单一营销导向演变过程。

第一节 关于"营销导向"的数据分析

本书围绕营销洞察过程的营销导向议题,以案例企业为单位,采用扎根理论编码分析程序(参见本书第三章第四节第二部分),分开放性编码、主轴编码、选择性编码三个步骤对六家案例企业相关质性数据进行分析,构建出商业模式创新中营销洞察过程的营销导向模型。

一、开放性编码

表4-1为本章数据分析所形成的部分自由节点(自由节点数量较多,仅展示部分典型自由节点)、概念、范畴。由于篇幅限制,且本节之后有"模型构念

阐释、模型机理分析"等研究发现和研究讨论章节，因此这里仅以"企业生存危机"为例，展示数据分析过程。通过开放性编码，本书得到弱市场导向、驱动市场导向、市场驱动导向、双元市场导向、企业生存危机、企业家重视、顾客价值颠覆、顾客价值提升、顾客价值丰富共九个范畴。

表4-1 开放性编码分析举例

案例企业	部分自由节点	自由节点对应的原始资料语句	概念化	范畴化
陕鼓集团	落选双保名单	1990年，陕鼓未能入选国家"双保"企业名单，即由国家向企业提供生产条件，企业保证向国家上缴利税和统配产品	失去体制保障	企业生存危机
	失去体制保障	对于陕鼓这样一个诞生计划经济体制的企业，却在1990年彻底失去计划经济体制保障		
	双保办法	《国务院批转国家计委、国务院关于对二百三十四户重点骨干企业试行"双保"办法报告的通知》，国发〔1990〕25号		
	没有优势	从技术到资金再到人才几乎一无所有	被边缘化	
	偏居一隅	陕鼓地处陕西，身处西部临潼镇，远离东部一线市场		
	产品同质化	产品品种单一、产品同质化，内部管理欠缺		
	三线企业	陕鼓是一家计划经济体制下的三线企业		
	五鼓之后	当时在风机行业的知名"五鼓"中，并无陕鼓一席之地		
	不死不活	每年3亿多元的销售规模，几百万元利润，没活力却饿不死	保吃饭	
	市场空间狭小	市场份额非常有限，风机作为大工业流程的一部分，行业格局非常狭窄，成长空间有限		
	利润微薄	在恶性竞争中，提供商只能赚取微薄利润		
万达集团	城市名片	足球是大连最亮丽的名片，足球在大连有着很高的地位	失去政商纽带	
	政策支持	搞足球的这些企业家都从政府得到了很大的政策支持，企业家通过足球建立与大连地方政府的关系		
	政商足球纽带	对于民营企业家而言，搞好与政府的关系至关重要，赞助球队是一个非常有效的策略		

续表

案例企业	部分自由节点	自由节点对应的原始资料语句	概念化	范畴化
万达集团	退出足球	1998年，当时的霸主大连万达队在足协杯同辽宁队的比赛中遭遇不公正待遇，万达董事长王健林愤言万达集团将永远退出中国足坛	失去政商纽带	企业生存危机
	品牌知名度高	在品牌认知度方面，我们当时的排名是全国第五，仅次于红塔、海尔等几个企业，这叫我们很吃惊		
	品牌属性认知度差	但是，在品牌属性认知度方面，即万达是干什么的？它的品牌形象是什么？我们排在最后		
	品牌与主业脱离	这个反差太大了！有很多人说我们是体育公司，或者是体育经纪公司，很少有人知道我们是做地产的		
和君咨询	奄奄一息	2005年下半年，和君创业已败像毕现，公司已奄奄一息	业务萎缩	
	订单锐减	年度收入跌入最低谷，惨不忍睹		
	项目随机	项目随机和偶发，有今天没明天，没有成体系的产品		
	员工离职	很多顾问都离职了，员工从180人萎缩到只有十几人		
	骨干离职	重将刘纪恒辞职，去意坚决		
	彭剑锋独立	彭剑锋看透这样搞不下去，率先另立华夏基石	内部分裂	
	创始人摊牌	创始人摊牌，彭剑锋和包政将股权归还王明夫和李肃		
	内部山头林立	四个主要创始人各管一摊，各开各的会，没有统一的游戏规则、没有统一的追求和文化		

注：在开放性编码过程中存在大量自由节点，限于篇幅不能一一展示，本表格仅以企业生存危机核心范畴为例，展示部分典型自由节点，说明本书的数据分析过程。后续章节有完整的模型构念阐述和研究发现展示。

二、主轴编码

笔者通过分析发现，在开放性编码中得到的不同范畴在概念层次上是存在一定的内在联结的。笔者运用典范模型对通过开放性编码所得到的范畴进行了归类、整理。"弱市场导向→驱动市场导向→双元市场导向"的营销导向演变过程作为一个特殊"现象"将其他范畴联系起来（见图4-1）。

三、选择性编码

笔者通过对弱市场导向、驱动市场导向、市场驱动导向、双元市场导向、企

条件	现象	脉络	中介条件	行动策略	结果
•经济体制转型 •企业竞争加剧	弱市场导向→驱动市场导向→双元市场导向	企业生存危机	企业家重视	•重定义顾客 •重定义市场 •重定义产品 •重定义产业 •同心圆扩张	顾客价值颠覆 顾客价值丰富

图4-1 主范畴"弱市场导向→驱动市场导向→双元市场导向"典范模型

业生存危机、企业家重视、顾客价值颠覆、顾客价值提升、顾客价值丰富共九个范畴的继续考察，尤其是对主范畴"弱市场导向→驱动市场导向→双元市场导向"的深入分析，同时结合商业模式创新企业和同行业原领导者迥异的企业实践，发现这些范畴描述了这样一个故事："在营销洞察过程的营销导向上，商业模式创新企业面临着现实的企业生存危机，在企业家重视的推动下，完成了从弱市场导向到驱动市场导向的跃进，实现顾客价值颠覆。此后，商业模式创新企业出现了市场驱动导向，在市场驱动和驱动市场的双元市场导向作用下，商业模式创新企业不断丰富和完善新的顾客价值，实现了顾客价值丰富，最终巩固了新的商业模式。反之，秉承常规营销理论的同行业原领导者因为没有现实的企业生存危机，仅在企业家重视下实现了从弱市场导向到市场驱动导向的转变，仅提升了已有的顾客价值，并巩固了其原有的商业模式。"

"双元营销导向演变过程"是这个故事背后的故事线，也就是上述九个范畴的"核心范畴"。以此为基础，笔者构建出商业模式创新中营销洞察过程的营销导向模型（见图4-2）。

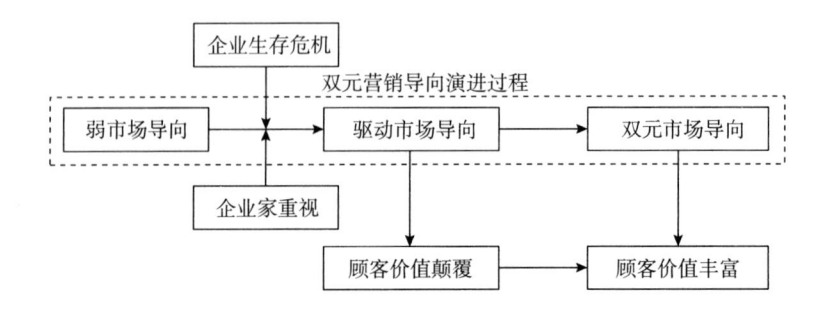

图4-2 商业模式创新中营销洞察过程的营销导向模型

第二节 营销洞察过程营销导向模型的构念阐释

作为一个案例研究,笔者在本节详细展示通过扎根理论分析所形成的相关构念,并通过构念阐释呈现本书的研究发现。

一、双元营销导向演变过程

双元营销导向演变过程是指"一种从'弱市场导向'向'驱动市场导向'演变,继而向'驱动市场型'和'市场驱动型'并存的'双元市场导向'演变的企业营销导向演变过程"。本书首先运用关键事件法划分案例企业在不同时期的营销导向(见表4-2),同时,我们还运用MORTN市场驱动量表、MOPRO驱动市场量表(Narver et al., 2004),采用七分值李克特量表,邀请案例企业内部人员,对各个阶段的市场导向程度进行打分评价,进一步验证案例企业在不同时期的营销导向。

表4-2 商业模式创新企业的各阶段营销导向程度指数

企业	主范畴	弱市场导向阶段	驱动市场导向阶段	双元市场导向阶段	
				驱动市场导向	市场驱动导向
陕鼓集团	阶段划分	1968~1999年	1999~2003年	2004~2014年	2004~2014年
	程度指数	6.2(很大程度)	6.8(最大程度)	6.0(相当程度)	6.3(一定程度)
万达集团	阶段划分	1988~1999年	1999~2003年	2004~2012年	2004~2014年
	程度指数	6.1(很大程度)	6.6(最大程度)	6.9(最大程度)	5(相当程度)
和君咨询	阶段划分	2001~2005年	2006~2009年	2010~2014年	2010~2014年
	程度指数	5(相当程度)	6(很大程度)	5(相当程度)	5(相当程度)

以市场驱动导向程度为例,计算公式如下:

$$市场驱动导向程度 = \sum_{j=1}^{n}\left[J_1\left(\frac{\sum_{i=1}^{7}题项得分}{7}\right)+\cdots+J_n\right]\Big/ 调研人数。其中 n$$

为调研人数（7 为量表题项数）。

定量调研所得到的数据印证了通过关键事件法划分的营销导向演进阶段，还在一定程度上反映了各案例企业的营销导向程度。陕鼓集团、万达集团、和君咨询三个商业模式创新企业均先后出现了弱市场导向、驱动市场导向、双元市场导向（见表 4-3）。

1. 弱市场导向阶段

"弱市场导向"是指"一种内向视角、专注于企业内部，随行就市、随波逐流，而较少关注外部顾客的企业营销导向类型状态"。早期商业模式创新企业普遍具有弱市场导向特征，主要体现为：

（1）企业在发展过程中具有鲜明的"内向视角"，无意识地疏远顾客，"以自我为中心"而不是"以顾客为中心"，几乎甚少听取市场中客户的反馈。例如，陕鼓集团的生产导向、和君咨询的"守株待客"等都具有明显的疏远顾客特征。

（2）企业遵循"随行就市"的基本原则。商业模式创新企业默认行业固有的逻辑假设，提供同质化无差别的产品/服务，随波逐流地发展。例如，陕鼓的"有什么就卖什么"、和君咨询的"随行就市"、万达集团的"无心"发展都是随行就市的典型特征。

（3）企业具有"自我设限"倾向。在自我设限下，弱市场导向下的企业几乎不愿越雷池半步。"看料下菜，企业内部有什么就生产什么，能干什么就干什么，而较少考虑如何变革以适应或创造新的顾客需求"（印建安）。

2. 驱动市场导向阶段

"驱动市场导向"是"一种主动型导向（Narver et al., 2004），关注未来市场，促使企业对未来潜在的顾客需求和行为以及竞争对手战略和行为进行预测，并试图通过事先参与来对其进行影响和引导的一种行为（Kumar et al., 2000）"。

表 4-3　商业模式创新企业的关键事件与营销导向阶段划分

企业	主范畴	弱市场导向阶段	驱动市场导向阶段	双元市场导向阶段	
				驱动市场导向	市场驱动导向
陕鼓集团	阶段划分	1968~1999年	1999~2003年	2004~2014年	2004~2014年
	时间/关键事件	·生产导向 ·1968年，计划经济"文化大革命"年代备战备荒转移三线建厂 ·1975年，建成投产，由机械工业部主管，按照下达的计划生产	·1999年，印建安成为董事长、总经理 ·1999年，提出"成套设备"营销创新规划，重定义产品 ·2002年，宝钢TRT工程成套项目 ·2004年，组建"陕鼓成套技术暨设备协作网"，重定义行业	·2004年，陕鼓提出"两个转变"战略，重定义产品 ·2007年，提出"向服务转型"战略，重定义行业 ·2010年，提出"工业气体"战略，重定义市场	·2004年，组建守护服务中心，加强服务，提高顾客满意度，顾客导向 ·2005年，推出"名牌行动计划"，打造品牌，强化竞争导向 ·2010年并购上鼓
万达集团	阶段划分	1988~1999年	1999~2003年	2004~2012年	2004~2014年
	时间/关键事件	·政府导向（亲近政府） ·1988年，借国企计划指标生存 ·1988年，政府棚户区改造 ·1994年，收购大连万达足球俱乐部，打造足球名片，建立政商纽带 ·1995年，大连本地区域多元化发展，进入出租车等领域	·1999年，退出足球，失去政商纽带 ·2000年，员工无医疗保险，医药费报销时间，追求稳定现金流，重思产业 ·2000年，万达遵义会议，进军商业地产，重定义行业 ·2000年，启动万达长春明珠项目，重定义产品 ·2003年，宁波万达广场标志订单地产模式成型，重构产品	·2004年，闯入酒店，重定义酒店、住宅、商业三种地产关系 ·2005年，建立万达院线，重定义院线 ·2007年，组建万千百货，重定义百货业与地产 ·2008年，进军旅游地产，重定义旅游地产 ·2010年，进军文化产业，重构文化地产	·2004年，引入CRM，强化客户关系管理，顾客导向 ·2008年，组建万商会，建立与顾客紧密关系，提高顾客忠诚度，顾客导向 ·2013年，引入大数据电子商务，强化顾客信息分析，提高顾客满意度，顾客导向

续表

企业	主范畴	弱市场导向阶段	驱动市场导向阶段	双元市场导向阶段	
				驱动市场导向	市场驱动导向
	阶段划分	2001～2005年	2006～2009年	2010～2014年	2010～2014年
和君咨询	时间/关键事件	·生存导向 ·2001年，和君咨询前身和君创业成立 ·2002年，彭剑锋、包政等合伙人加入和君创业 ·2001～2002年，先后签约服务中远、德隆等大腕企业 ·战略、组织、人事老三样咨询产品 ·2005年，业务萎缩，公司分裂	·2006年，提出"一九体制"，整合外部资源，重新定义行业 ·2006年，聚焦中小企业，打破大型客户假设，重定义顾客 ·2007年，提出"深度服务战略"，打破传统拉单、做单分离的行业规则 ·2009年，提出"咨询+资本"模式，提供咨询和资本服务，重新定义产品	·2010年，提出"商业培训"，提供咨询、资本和人才培养三种服务，重新定义管理咨询服务 ·2011年，"一体两翼"商业模式，提供咨询、资本和人才培养三种服务	·2010年，退出客户满意度与合伙人项目款挂钩制度，提高客户满意度，顾客导向 ·2012年，退出区域代理人制度，连锁加盟方式，提高响应速度和市场占有率，竞争者导向

在驱动市场导向阶段，商业模式创新企业在营销洞察过程的营销导向上具有明显的驱动市场特征，主要体现为：

（1）企业在这一时期具有强烈的"外部视角"。商业模式创新企业从过去的"内向视角"转变为"由外向内"的视角，将企业注意力转移到外部顾客。从"看料做菜"到"看客下菜"，贴近顾客是这一时期商业模式创新企业的普遍行动。

（2）从"随行就市"向"主动建构市场"转变。商业模式创新企业决绝地打破行业默认假设，甚至不惜转变自身所谓的"主业"。在这种转变过程中，商业模式创新企业强调"对市场的驾驭力"和"重新界定市场"。正如陕鼓集团印建安所言"什么是行业？不是企业定的，得客户说了算！主业需要根据顾客需求的变化不断调整，客户需求是什么，陕鼓主业就是什么"。

（3）从"自我设限"向"无边界拓展"蜕变。商业模式创新企业从不同于行业惯常的、例外角度思考外部顾客需求，以"无知者无畏"精神突破了过去的"条条框框",力图找到新的顾客需求。例如,陕鼓集团的无边界拓展、和君咨询的"一九体制"义利重构、万达集团的商业地产转型,都从根本上改变了企业状态,使企业更加激进。正如印建安所言"边界都是自己给自己设的,这是一堵墙,只有跳出去,路才会越走越宽"。

3. 双元市场导向阶段

"双元市场导向"是"市场驱动型和驱动市场型导向并存的一种企业营销导向状态。"在驱动市场导向阶段后,商业模式创新企业在营销导向上步入双元市场导向阶段。

(1) 企业与顾客之间建立了更加紧密的联系。这一时期,商业模式创新企业仍然会通过伙伴关系、锁定顾客等驱动市场导向与顾客建立紧密联系,如陕鼓集团、和君咨询、万达集团分别与客户企业建立各种形式的战略伙伴关系。另外,倾听顾客、顾客至上等典型市场驱动导向特征会逐步出现并成为企业主流价值观。

(2) 从"主动建构市场"向"引领市场"转变,最终牵引整个产业朝着有利于企业的方向发展。例如,商业模式创新企业纷纷通过同心圆拓展、产业延伸、进入新领域等驱动市场导向进一步完善所主动构建的市场。与此同时,市场驱动导向下针对竞争对手的并购、产业整合等行动开始出现,并最终成为商业模式创新企业引领市场发展的重要手段。

(3) 从"无边界拓展"向"同心圆拓展"转变。这一时期,商业模式创新企业仍然遵循驱动市场导向下的无边界拓展原则,激进地改变企业的业务布局,但主要是围绕核心主业的需求进行同心圆拓展,而不是盲目的多元化扩张。例如,陕鼓集团走出制造领域、向服务转型,和君咨询延伸商学培训业务,万达集团拓展院线、购物中心、KTV、酒店等业务都是为了满足增强核心主业优势的需求,围绕核心主业而进行同心圆拓展。

基于上述分析,本章形成了如下研究发现:

研究发现4.1:商业模式创新企业的营销导向经历了从"弱市场导向"向"驱动市场导向"演变,继而向"驱动市场型"和"市场驱动型"并存的"双元市场导向"的演变过程。

二、单一营销导向演变过程

"单一营销导向演变过程"是指"一种从'弱市场导向'向'市场驱动导向'演变的企业营销导向演变过程"。本书同样运用关键事件法划分同行业原领导者在不同时期的营销导向（见表4-5），同时，我们还运用MORTN市场驱动量表、MOPRO驱动市场量表，采用七分值李克特量表，邀请对应案例企业内部人员，对各个阶段的市场导向程度进行打分评价，进一步验证案例企业在不同时期的营销导向（见表4-4）。从表4-4和表4-5的数据中可以看出，沈鼓集团、万科集团、正略咨询三个同行业原领导者在不同阶段均先后出现了弱市场导向、市场驱动导向两种营销导向。

表4-4　同行业原领导者的各阶段营销导向程度指数

企业	主范畴	弱市场导向阶段	市场驱动导向阶段
沈鼓集团	阶段划分	1949~1999年	2000~2014年
	程度指数	5.9（很大程度）	6.4（最大程度）
万科集团	阶段划分	1984~1992年	1993~2014年
	程度指数	5.0（很大程度）	6.9（最大程度）
正略咨询	阶段划分	1992~1999年	2000~2014年
	程度指数	6.7（很大程度）	6.6（最大程度）

表4-5　同行业原领导者的关键事件与营销导向关系

企业	主范畴	弱市场导向阶段	市场驱动导向阶段
沈鼓集团	阶段划分	1949~1999年	2000~2014年
	时间/关键事件	·政府导向、技术导向 ·1934年建厂，1949年中华人民共和国接收 ·1952年，国家投资对沈鼓进行改造，被确定为全国第一家风机专业制造厂 ·1974年，国家投资1.4亿元为沈鼓购买设备和技术 ·1982年，国家投资对外引进国内第一台离心压缩机 ·1989年，为镇海石化研制出我国第一套80万吨/年加氢裂化装置用BCL407/A氢压机	·2000年，信息化，引入ERP、设计软件，打造设计优势，竞争者导向 ·2001年6月，与加拿大J.P环保设备公司合资，竞争导向 ·2002年，与美国通用电气公司动力系统集团合资，竞争导向 ·2005年，与最重要的客户中石化结成战略合作伙伴，顾客导向 ·2007年，重组沈阳水泵、沈阳通风，竞争者导向 ·2008年，实施全员营销、建立服务公司，顾客导向

续表

企业	主范畴	弱市场导向阶段	市场驱动导向阶段
万科集团	阶段划分	1984~1992年	1993~2014年
万科集团	时间/关键事件	·机会导向 ·1984年，万科前身深圳科教仪器中心成立 ·1988年，万科前身深圳现代企业公司成立，下设贸易公司、摄像器材、文化产业、万佳超市、怡宝矿泉水等业务，形成商贸、工业、房地产、文化传播四大经营架构，机会导向 ·1988年，进入房地产业务，机会导向 ·1989年，提出综合商社战略	·1993年，万科集团宣布放弃综合商社战略，实施专业化发展，竞争导向 ·1999年，物业服务差异化，提高顾客满意度，顾客导向 ·2002年，启动品牌战略，建立品牌区隔，竞争导向 ·2003年，组建万客会，实施客户关系管理，顾客导向 ·2004年，确立帕尔迪标杆，实施客户全生命周期细分产品策略，竞争导向和顾客导向 ·2005年，并购南都，竞争者导向
正略咨询	阶段划分	1992~1999年	2000~2014年
正略咨询	时间/关键事件	·机会导向 ·1992年，正略咨询前身新华信成立 ·1992~1999年，新华信先后从事翻译、推销图书、信息调查等业务 ·1996年，进入企业管理咨询领域，成为中国最早从事管理咨询业务的公司之一 ·1999年，推出信用管理咨询服务	·2000年，本土化、专业实用竞争策略，提出学习麦肯锡，对标，竞争导向 ·2001年，借鉴外资咨询，确立高固定底薪制度，培养顾问，提高专业服务能力，顾客导向 ·2005年，新华信管理咨询业务开始独立运营并更名为"正略钧策"，专业化发展，竞争导向 ·2006年，建立知识库和数据库，提高专业服务能力，顾客导向

1. 弱市场导向阶段

在早期，与商业模式创新企业处于同一行业的同行业原领导者同样普遍具有弱市场导向特征。以沈鼓集团、万科集团、正略咨询为代表的同行业原领导者因过于强调股东或因外部市场诸多机会而疏远顾客。与商业模式创新企业在弱市场导向阶段的绩效较差表现不同，这些行业原领导者企业由于涉足其所在市场时间较早，因而具有一定的先发优势。特别是20世纪80年代中国市场经济转轨所带来的大量商业机会，在供不应求的供求关系下，这些市场中的领导企业大多因为机会过多而无暇顾及顾客，从而整体上表现为疏远顾客的弱市场导向。例如，沈鼓集团表现出了强烈的政府导向和技术导向色彩，而万科集团和正略咨询的机会导向则极为明显，他们面对外部行业的爆发性需求，在敏锐的商业直觉下，迅速抓住外部行业的诸多市场机会，成为所在市场的领导者。

2. 市场驱动导向阶段

市场驱动导向是"一种被动型导向（Narver et al., 2004），对现有市场结构中现有顾客的偏好和行为以及现有竞争对手的战略和行为的理解和反应（Jaworski et al., 2000），强调反应式商业逻辑并阐明顾客的显性需求（Mohr & Sarin, 2009）"。与商业模式创新企业不同，沈鼓集团、万科集团、正略咨询等同行业原领导者在经历弱市场导向阶段后，在营销导向上普遍呈现出明显的市场驱动导向特征。"以顾客为中心，与现有顾客建立紧密联系，迎合顾客现有需求"是市场驱动导向的显著体现。这些企业普遍开始追求顾客满意度，并通过客户关系管理等手段与客户建立紧密的关系，以期维护客户忠诚。例如，沈鼓集团放下身段强化服务，实施全员营销；万科集团则通过物业差异化服务、组建万客会等方式维护客户关系；正略咨询则加强咨询顾问培养和案例数据库建设，以期为顾客提供本土化、专业实用的咨询服务，提高顾客满意度。

基于上述分析，本章形成了如下研究发现：

研究发现4.2：行业原领导者的营销导向经历了从弱市场导向向市场驱动导向的演变过程。

三、企业家重视

企业家重视是指"企业家对市场导向的重视程度"（Jaworski & Kohli, 1993；Menguc & Auh, 2008）。数据分析表明，六家案例企业均有卓越的企业家在引领企业的发展（见表4-6），无论是商业模式创新企业，还是同行业原领导者，他们都有非常优秀的企业家做掌门人。陕鼓集团的印建安、沈鼓集团的苏永强、和君咨询的王明夫、正略咨询的赵民、万达集团的王健林、万科集团的王石等都是行业内外公认的企业家，他们都具备企业家所特有的敢冒险、懂经营、捕商机、善创新四个核心特质（张焕勇，2007）。不仅如此，六家案例企业的企业家都十分重视企业向市场导向转型。我们的访谈、实地调研等二手资料数据印证了Jaworski和Kohli（1993）经典的企业家对市场导向前因变量的各项测量题项（见表4-7）。

表 4-6 案例企业的企业家

企业	领导人	总体评价	上任年限	转变节点	转变导向	敢冒险	懂经营	捕商机	善创新	典型荣誉	典型评价
陕鼓集团	印建安	++++	1999年	1999年	驱动市场	++++（力排众议，无边界拓展）	++++（西安交大博士生导师）	++++（无主业票移）	++++（商业模式创新典范）	·中国机械工业科学技术二等奖（原机械工业部） ·2014年度中国企业管理领导力奖（《中外管理》杂志） ·2013中国工业行业排头兵领军人物 ·中国通用机械工业协会副会长	印建安是会"写菜谱"的人，之所以陕鼓有今天的发展关键是很好地应对了变化，企业的经营层是在写"菜谱"，而不仅是在"做菜"（柳传志，联想集团董事长）
沈鼓集团	苏永强	++++	1999年	2000年	市场驱动	++++（敢为天下先）	++++（占领研发制高点）	++++（抓住工业化大型设备需求历史机遇）	++++（技术创新典范）	·1995年机械部科技进步特等奖 ·1998~2013中国流程工业先锋人物奖（《流程工业》杂志） ·中国通用机械工业协会会长	他带领团队，打响重组、改造、发展三大战役。创造了威震世界的民族品牌，用技术创新让"中国制造"星光无限（《流程工业杂志》）
和君咨询	王明夫	++++	2001年	2005年	驱动市场	++++（二次创业）	++++（"一二九体制"）	++++（抓住中小企业咨询需求）	++++（商业模式创新典范）	·曾创立君安证券研究所品牌第一人 ·2012年度"中国最佳商业模式"奖（《21世纪商业评论》）	

续表

企业	领导人	总体评价	上任年限	转变节点	转变导向	敢冒险	懂经营	捕商机	善创新	典型荣誉	典型评价
正略咨询	赵民	++++	1992年	2000年	市场驱动	++++（最早下海的公务员）	++++（专业化聚焦）	++++（抓住中国咨询历史商机）	++++（差异化战略典范）	• "2001年全球未来领袖"（瑞士达沃斯世界经济论坛） • 2004~2006年北京科技咨询业协会理事长	
万达集团	王健林	++++	1989年	1999年	驱动市场	++++（1986年弃官从商，去了濒临倒闭的西岗区开发公司）	++++（同心多元化发展）	++++（1999年进人无人看好的商业地产）	++++（商业模式创新典范）	• 2008年全国五一劳动奖章（全国总工会） • 2009年"十年商业领袖"（中央电视台） • 2012年CCTV中国经济年度人物（中央电视台） • 2013年福布斯亚洲年度商业人物（福布斯杂志） • 2013年最具改革动力企业家（凤凰财经）	25年前，他敢为人先，率先下海，将一家濒临破产的国营小厂打造成商业地产航母，开创了世人瞩目的万达模式。自我否定，带领企业四次转型，居安思危，不破不立，是旧秩序的颠覆者，更是新秩序的建立者（凤凰财经）
万科集团	王石	++++	1984年	1991年	市场驱动	++++（1984年弃官从商，创立万科前身企业）	++++（做减法，专业化发展）	++++（抓住中国城市化历史商机）	++++（专业化战略典范，公司治理典范）	• 深圳市第一届优秀企业家金牛奖 • 2003年"中国创业企业家"（中国企业家协会）	

· 72 ·

第四章 双元营销导向演变过程

表4-7 企业家重视程度及直接证据

测量题项	陕鼓集团	沈鼓集团	和君咨询	正略咨询	万达集团	万科集团
1. 高层管理者反复强调企业对发展决于适应市存取决于适应市场趋势	+++++ 以渐行渐近的电报投送员为例，宣传"趋势是朋友"理念（印建安）	+++++ 我们站在国家长远发展的角度思考企业生存和发展，在国际环境中把脉沈鼓集团的发展（苏永强）	+++++ "从客户中来，到客户中去"，而不是给客户"空降"咨询方案（王明夫）	+++++ 如果客户跑到我们前面去，把我们将全军覆设面了，我们将全军覆设了（赵民）	+++++ 万达的发展提前一步顺应国家政策、行业发展等市场趋势（王健林）	+++++ 万科的发展顺应了住宅商品化、住宅产业化、住宅金融化、住宅生态化等不同趋势，未来同样如此（王石）
2. 高层管理者经常对员工强调保持对竞争对手敏感性的重要性	+++++ 以山寨手机为例，在企业中，强调要对竞争对手快速判断、快速反应	+++++ 必须要时刻警惕国内外竞争对手挤压与蚕食沈鼓市场（苏永强）	+++++ 中国咨询业始终面临数量过剩和能力短缺，对竞争很敏感（王明夫）	+++++ 向国际咨询巨头学习，以"打败麦肯锡"为口号	+++++ 万达特别善于借势，从与沃尔玛、家乐福等企业的合作，使万达似乎超脱于竞争之外（某政府官员）	+++++ 持续的对标分析，对标美国帕尔迪等企业部理由（企业文化口号）
3. 高层管理者经常强调满足顾客需求的重要性	+++++ 满足顾客需求才陕鼓的最终目标，其他包括技术、制造等一切都只是手段而已（印建安）	+++++ 全集团工作以客户的眼光衡量和定位自己（苏永强）	+++++ 每次年会都谈满足客户需求的重要性（杨文华）	+++++ 凡是不能适应客户公司和新需求的咨询顾问，将会主动或被动地被淘汰出局（赵民）	+++++ 现在万达研究院所研究的东西细致到每一个洗手盆怎么方便顾客，就是要满足顾客需求（王健林）	+++++ 客户是万科存在的全部理由（企业文化口号）
4. 高层管理者始终将服务顾客放在首要位置	+++++ 客户需求才是经营的起点（印建安）	+++++ 开展全员市场营销行动，提高产品性能、客户服务质量和响应速度	+++++ 对外抓客户满意度，制定项目保证金制度	+++++ 项目保证金制度	+++++ 只有解决了老百姓的需求，提供放心房、好质量的房子，能够盈利的商铺，万达才能销售出去（某区域经理）	+++++ 衡量我们成功与否的最重要标准，是我们让客户满意的程度（企业文化口号）

· 73 ·

基于上述分析,本章形成了如下研究发现:

研究发现 4.3:行业原领导者和商业模式创新企业的企业家都高度重视市场导向。

四、企业生存危机

"企业生存危机"是指"企业经营遇到重大困难,面临着生存、破产的困境"。数据表明,商业模式创新企业在从"弱市场导向"向"驱动市场导向"转变的关键节点都发生了重大的企业生存危机,并且这些形形色色的企业生存危机发生在商业模式创新企业从"弱市场导向"向"驱动市场导向"跃进之前(见表4-8)。例如,陕鼓集团作为风机制造行业的三线厂商,在竞争中被不断地边缘化。和君咨询则陷入公司分裂、濒临破产的困境。万达集团也因退出足球业务,失去了在大连市发展至关重要的地方政府关系纽带。与之相反,与商业模式创新企业处于同一行业的行业原领导者(沈鼓集团、正略咨询、万科集团)却没有发生类似的、现实的企业生存危机。

基于上述分析,本章形成了如下研究发现:

研究发现 4.4:在企业营销导向转型的时点,商业模式创新企业较之行业原领导者面临更严峻的生存危机。

五、顾客价值颠覆、顾客价值提升和顾客价值丰富

1. 顾客价值颠覆

"顾客价值颠覆"是指"打破了行业固有的顾客价值要素既定假设,提供了前所未有的顾客价值要素新组合,并实现了顾客价值的大幅度跃进"。商业模式创新企业在从"弱市场导向"向"驱动市场导向"跃进的过程中,存在着"顾客价值颠覆"的现象(见表4-9),并由此完成了第一轮商业模式创新。顾客价值颠覆是指:

(1) 在全新领域发现了新顾客价值要素,打破了行业固有的顾客价值要素既定假设。例如,在风机制造行业,陕鼓集团就打破了长久以来行业内部对风机

第四章 双元营销导向演变过程

表 4-8 商业模式创新企业的企业生存危机

案例企业	转变节点	典型危机	发生年份	典型访谈/文献观点摘录
陕鼓集团	1999 年	失去体制保障	1990 年	《国务院批转国家计委、国务院关于二百三十四户重点骨干企业试行"双保"办法的报告的通知》,国发〔1990〕25 号,未入选国家双保企业名单,失去计划经济体制保障
		竞争中被边缘化	1999 年	在当时的风机制造行业知名的"五鼓"中,并没有陕鼓的一席之地,陕鼓在竞争中逐步被边缘化（郝继涛,陕鼓企业文化项目负责人）
		保吃饭	1999 年	那时候的陕鼓,产品种类单一,且与竞争对手的产品严重同质化,利润空间越来越窄,风机制造彻底变成了农民工的简单劳动,陕鼓依靠拼体力获取微薄的利润维持生存（印建安）
		公司分裂	2005 年	2005 年底和君创业陷入分裂状态,彭剑锋出走辞君,成立华夏基石企业管理咨询公司;包政回到中国人民大学继续从事教学主业工作;王明夫和李肃将原和君创业清盘
		产品线模糊	2005 年	战略咨询、组织咨询、人力资源咨询什么项目都做,没有清晰的产品线（王明夫）
和君咨询	2006 年	产品同质化	2005 年	与竞争对手毫无差异的战略、组织、人力资源"老三样",业务极为单一（王明夫）
		人心涣散	2005 年	几个十人的咨询团队分成互不联系的四部分,人心涣散、士气萎靡,了严重的观望怀疑情绪,核心员工相继流失（王明夫）
		濒临破产倒闭	2005 年	销售收入从巅峰时期的 5000 多万元锐减到不足百万,但人员固定支出却是刚性成本,整个企业已经跌入底谷,陷入濒临破产倒闭的窘境（王明夫）
万达集团	1999 年	退出足坛、失去地方政府关系纽带	1998 年	在地方政府将足球作为城市名片的大连市,大连万达 1998 年退出足球产业,意味着其诸多业务失去在大连本地化发展的地方政府政策优势（王健林）
		品牌空心化	1998 年	1998 年,万达的知名度却说不上来。这与行业内的领军企业万科形成鲜明对比。万科地产的知名度和美誉度是建立在其住宅产品的基础之上的,而万达却面临品牌空心化（王健林）

· 75 ·

表4-9 商业模式创新企业的顾客价值颠覆

案例企业	驱动市场导向出现时间	驱动市场导向出现之初提供物	驱动市场导向出现之初顾客价值	原顾客价值领域	新顾客价值领域	第一轮商业模式创新结束时间	第一轮商业模式创新结束时的提供物	第一轮商业模式创新结束时的顾客价值	同行业中原领导者的顾客价值
陕鼓集团	1999年	同质化的主机设备	价格、性能	主机设备	服务领域	2003年	成套设备	成套设备的性能 •降低配套设备选型、系统配套等投资风险; •控制项目投资成本、进度	原领导者:沈鼓集团 •提供物:主机设备 •顾客价值:设备的性能和价格
和君咨询	2005年	同质化的战略、组织、人事"老三样"咨询产品	价格	管理咨询	资本服务	2010年	咨询与资本服务	诊断管理问题、提升运营效率 •解决管理问题,提供投资金解决资金瓶颈 •降低购买门槛	原领导者:正略咨询 •提供物:管理咨询服务 •顾客价值:咨询服务的专业性、实用性、价格
万达集团	1999年	同质化的住宅地产	价格、质量	居住	•购物、餐饮、娱乐等办公商业领域	2004年	万达广场商业综合体	个体消费者价值:居住、购物、餐饮、娱乐等城市生活一站式服务 •企业机构:盈利机会、跨区域成长空间、公平的商业氛围	原领导者:万科集团 •提供物:住宅地产 •顾客价值:居住(舒适、价格、物业服务)

· 76 ·

性能的固有假设。正如印建安所言"客户需要的并不是单一的主机设备,他们并不关心风机是轴流式还是离心式,不关心单个产品,客户真正需要的是满足其工业流程的功能"。最终,陕鼓集团在服务领域发现了新的顾客价值要素,完全打破了行业固有的假设。同样,和君咨询也在传统管理咨询领域之外的资本服务领域、万达集团也在传统住宅地产领域之外的消费娱乐等新的领域,发现了新的顾客价值要素。

(2) 将新顾客价值要素与传统领域的顾客价值要素进行了重新组合,从而为其目标顾客提供了全新的顾客价值要素组合。从表4-9的数据中可以看出,陕鼓集团的成套设备、和君咨询的"咨询+资本"一体两翼、万达集团的万达广场都是将新领域的顾客价值要素与行业固有的传统顾客价值要素进行组合,从而提供了全新的顾客价值。在原有行业领导者仍然将顾客价值停留在固有领域的时候,商业模式创新企业提供了全新的顾客价值要素以及顾客价值要素组合,大幅度地提升了原有的顾客价值。正如联想集团柳传志评价陕鼓集团所言"从发展形势看,比谁家风机做得好,已经完全没有意义了,陕鼓动力能够以'跳出来'的眼光看问题,是站在另一个高度去思考企业的发展路径了,实现了创新性地向前突破"。

2. 顾客价值提升

"顾客价值提升"是指"在不改变原有顾客价值的范围、层次情况下,通过对原有顾客价值要素的持续改进,最终实现原有顾客价值在质量上的渐进式增长"。在陕鼓集团、和君咨询、万达集团等商业模式创新企业不断进行顾客价值颠覆的同时,以沈鼓集团、正略咨询、万科集团为代表的同行业原领导者却通过更加聚焦和专业化发展策略,实现了顾客价值提升(见表4-10)。例如,在商业模式创新企业实现顾客价值颠覆的相同时间段内,沈鼓集团风机设备性能不断优化、正略咨询的管理咨询服务日益专业、万科集团的住宅日益精良。但它们并没有对其所提供的顾客价值做出范围或层次上的改变,仍然分别停留在风机设备制造、管理咨询、住宅等环节和层次上。也就是说,它们实现了顾客价值提升,而未能实现顾客价值颠覆。

表 4-10　同行业原领导者的顾客价值提升

案例企业	变革始点	变革终点	初始提供物	初始顾客价值	最终提供物	终点顾客价值
沈鼓集团	未实施商业模式创新变革		大型透平机械	性能、价格	大型透平机械	性能、价格（性能好，甚至超过国外竞争对手，但价格便宜）
正略咨询	未实施商业模式创新变革		战略、组织、人事管理咨询服务	专业、实用、价格	多样化管理咨询服务	专业、实用、价格（咨询专业水平提升、职能模块增加）
万科集团	未实施商业模式创新变革		住宅地产	物业服务、房屋质量	住宅（金色系列、城花系列、四季系列、高档系列）	居住的品质（物业、质量、环境等）

3. 顾客价值丰富

"顾客价值丰富"是指"在保留已有顾客价值的构成要素的情况下，不断增加新顾客价值要素的数量，在更大范围内、更高层次上大幅度提升顾客价值，最终实现顾客价值数量和质量上的跳跃式增长"。商业模式创新企业在从"驱动市场导向"向"双元市场导向"转变的过程中，存在着"顾客价值丰富"现象（见表 4-11），并由此完成了后续的商业模式创新，实现了新商业模式的巩固。

（1）拓宽了顾客价值的范围。以陕鼓集团、和君咨询、万达集团为代表的商业模式创新企业，在完成初步的顾客价值颠覆后，沿着产业链条的全过程不断延伸顾客价值要素。相比最初的顾客价值，"全方位""系统服务""一站式"这些代表顾客价值范围性的编码频繁出现在商业模式创新企业的顾客价值主张中。例如，陕鼓集团将顾客价值的范围从风机设备单一节点拓展到设备系统的建设、运营、维护甚至是项目投资等范围；和君咨询将顾客价值的范围从企业管理环节拓展到管理、资本、培训等多个环节；万达集团则将顾客价值从居住环节拓展到居住、娱乐、购物、投资等多方位、多层次领域。

（2）提高了顾客价值的层次。商业模式创新企业极大地提升了顾客价值的层次，向更高的层级进行延伸。例如，陕鼓集团秉承"同心圆拓展"策略，正如

第四章 双元营销导向演变过程

表4-11 商业模式创新企业的顾客价值丰富

案例企业	驱动市场导向阶段	顾客价值颠覆	双元市场导向阶段	年份	顾客价值新领域	新提供物	新顾客价值要素	终点顾客价值
陕鼓集团	1999~2003年	从"主机"到"成套设备"	2004年至今	2003年	运维服务领域	设备生命周期全托式服务	・降低运维人员高固定人力成本 ・降低停机率	动力设备系统问题的全方位解决方案和系统服务
				2005年	金融服务领域	融资服务	避免一次性资金投入，降低投资门槛	
				2011年	售后维修服务领域	备品备件服务	・避免储存备件占用资金、场地、人员 ・避免备件不配、缩短维修周期	
				2011年	能量转换领域	气体服务	提供最终产品	
和君咨询	2005~2010年	从"管理咨询"到"咨询+资本"	2010年至今	2011年	教育培训领域	商学培训	解决人才"瓶颈"	中小企业成长全方位服务
万达集团	1999~2004年	从住宅地产到万达广场	2005年至今	2007年	购物领域	万达百货（原万千百货）	满足购物需求、拉动人流	一站式城市生活和全国性商业平台
				2005年	院线领域	万达院线	满足电影娱乐需求	
				2011年		万达影视传媒		
				2012年		AMC院线		
				2012年	酒店领域	万达嘉华、文华酒店	提供酒店居住和投资服务、提升形象	
				2010年	娱乐领域	大歌星KTV	提供唱歌娱乐需求	
				2012年	文化领域	万达文化产业集团	进一步丰富文化娱乐需求	

·79·

印建安所说的陕鼓集团秉承源于制造、超越制造的理念，打破行业边界，以核心业务进行同心圆放大，形成"能量转换装备制造、工业服务、能源基础设施运营"三大业务板块，将顾客价值从"设备"提升到"解决方案和系统服务"层次；和君咨询在管理咨询和资本服务之外，进一步丰富了中小企业成长所需的商学培训业务，将顾客价值从"管理咨询"提升到"中小企业成长服务"；万达集团通过"做加法"策略，纵向整合了一条商业地产开发的完整产业链，将顾客价值从"住宅"提升到"城市生活"和"商务平台"的层次。

基于上述分析，本章形成了如下研究发现：

研究发现4.5：商业模式创新企业采用驱动市场导向，实现了顾客价值颠覆，其后又通过实施双元市场导向，实现了顾客价值丰富；行业原领导者强化了市场驱动导向，仅仅实现了顾客价值提升。

第三节 营销洞察过程营销导向模型的机理分析

在展示研究发现和模型构念后，本节基于案例研究发现，重点讨论模型构念之间的关系，并分析构念之间关系的原因。

一、企业家重视、企业生存危机对企业市场导向选择的影响

对比"双元营销导向演变过程"和"单一营销导向演变过程"，不难发现，商业模式创新企业在营销导向演变过程中出现了驱动市场导向，而同行业原领导者却始终没有驱动市场导向出现。营销学文献普遍强调企业家重视作为市场驱动导向和驱动市场导向的直接前因变量。然而，尽管都有相同特质的企业家，这些企业家也都高度重视市场导向的形成，但商业模式创新企业和同行业原领导者在向市场导向转型的过程中，却做出了截然不同的选择。商业模式创新企业转向更为激进的驱动市场导向，而同行业原领导者则转向较为稳健的市场驱动导向。不

仅如此,在这种营销导向转变的关键节点上,商业模式创新企业发生了现实的企业生存危机,而同行业原领导者却始终处于行业领导地位。这表明,企业家重视、企业生存危机与市场导向之间存在着微妙关系。

(1) 企业家重视是"驱动市场导向"的先决条件,没有企业家的出现和企业家的重视,企业就不可能向"驱动市场导向"转变。一是"善创新"特质的影响。驱动市场导向要求企业以不同的方式看待世界,并试图改变竞争规则,需要质疑当前市场边界和规范,甚至是质疑与市场有关的假设(Baker & Sinkula, 2005)。而企业家作为引领企业发展的带头人,其具备的"善创新"特质,确保企业以不同的视角看待顾客、行业以及自身,为驱动市场导向创造有利条件。二是"敢冒险"特质的影响。驱动市场导向意味着企业需要重新定义顾客、主动建构市场,甚至重塑企业自身,是一种风险偏好程度较高的营销导向(Schindehutte et al., 2008),而企业家敢冒险的特质,确保企业有足够的勇气和胆量实施高风险的驱动市场导向。三是"捕商机"特质的影响。驱动市场导向代表了一种前瞻性视角,需要企业识别未来趋势和预测未来事件(Yadav et al., 2007)。"捕商机"特质帮助企业聚焦于趋势感知和市场进化,看到其他人所看不到的机会,从而发现潜在顾客需求或将顾客价值提高到前所未有的高度。四是"懂经营"特质的影响,能够帮助企业在向驱动市场导向转型的过程中有效地控制财务风险。

(2) 企业家重视却并不是"驱动市场导向"的充分条件,仅仅有企业家重视并不能确保企业向"驱动市场导向"转型。不论是陕鼓集团、万达集团、和君咨询等商业模式创新企业,还是沈鼓集团、万科集团、正略咨询等同行业原领导者,它们都有非常优秀的企业家在掌舵,这些企业家也都高度重视市场导向,他们对市场导向的重视程度并无较大差别。但同行业原领导者却并没有选择驱动市场导向。这其中一个很显然的原因是,驱动市场导向的特质与同行业原领导者的领导者地位两者之间的矛盾,阻碍了它们向驱动市场导向转型。驱动市场导向要求企业重新定位顾客、重构市场、重组企业,是对企业固有流程和能力的一种颠覆式再造。而以沈鼓集团、正略咨询、万科集团为代表的同行业原领导者,他们在同行业商业模式创新企业谋求驱动市场导向转型时，已经是行业内公认的领导者，处于一种刺激贫乏（Felin & Foss，2009）的状态。作为行业的领导者，这些企业具有完善的运营流程和组织惯例、领先的竞争优势和良好的财务绩效。这种矛盾意味着，即使有优秀的企业家、企业家也高度重视市场导向，但这些企业家在本企业处于市场领导地位时，也几乎无法推动企业向驱动市场导向转变，因为他们缺少足够的理由说服本企业在巅峰状态放弃当前的核心能力、竞争优势。

（3）"企业生存危机"消除了"刺激贫乏"，是企业向"驱动市场导向"转型的调节因素，企业家借助于企业生存危机引导企业向驱动市场导向转变。陕鼓集团、和君咨询、万达集团在从"弱市场导向"向"驱动市场导向"转变的关键节点上，都发生了重大的企业生存危机。这种企业生存危机作为一种强烈的环境刺激，刺激了企业营销导向的演进和分化。企业生存危机作为一种强刺激，将组织从当前的营销哲学假设之中解放出来，摆脱当前营销导向的束缚。不仅如此，驱动市场导向是一种高风险行为，企业驱动市场的诸多行为并不必然总是成功的，而是失败的概率远远大于成功的概率（Levinthal & March，1993）。但面临重大生存危机的企业，其本身已经处于组织生死存亡的悬崖边缘，陷入生存的困境。例如，1998年的万达集团、1999年的陕鼓集团、2005年的和君咨询都面临生存危机，处于背水一战状态，他们对生死存亡的关心远胜于对风险的规避，从而淡化了驱动市场导向的高风险特质，为企业家引导企业向驱动市场导向转变提供了充足的理由。

综上所述，企业家重视和驱动市场导向之间并不存在直接相关关系，企业生存危机是企业家重视和驱动市场导向之间的调节变量，高度重视市场导向的企业家只有通过企业危机的调节作用，才能推动企业向驱动市场导向转型。

基于上述分析，本章形成了如下研究发现：

研究发现4.6：企业家重视对企业的市场导向选择有重要影响作用，企业生存危机则是企业选择市场导向的条件。同样高度重视市场导向的企业家，企业生存危机越强，企业越可能采用驱动市场导向；反之，企业生存危机越弱，越可能采用市场驱动导向。

二、市场导向对营销洞察结果的影响

1. 驱动市场导向与顾客价值颠覆

纵观双元和单一营销导向演变过程，可以看出，因为"驱动市场导向"的差异，导致两者在营销洞察上的迥异结果。商业模式创新企业实现了顾客价值颠覆，而同行业原领导者仅仅提升了其固有的顾客价值。这表明，驱动市场导向与顾客价值颠覆密切相关。

一个可能的原因是，驱动市场导向有助于企业与顾客之间保持合理的距离，使企业能够在一定的距离之外观察顾客、审视顾客价值。驱动市场导向强调从产品、产业和市场等层面重新审视外部顾客，这种对市场的重新审视意味着企业需要与现有顾客之间维系一种相对松散的联系，从而使企业能够从行业固有的惯性思维假设中跳出来，从而发现全新领域的全新顾客价值要素（Kuada & Buatsi, 2005）。陕鼓集团的"跳出行业看战略"就是最好的例证，印建安特别强调"跳出行业看行业"，和君咨询、万达集团同样具有这种"跳出来"的企业行动。它们均以开放的视角，从一个全新的角度认识旧有的顾客价值、思考企业的业务和外部市场，并最终分别将资本服务与咨询服务相嫁接，将住宅地产与商业地产进行完美嫁接，最终实现顾客价值颠覆。

另一个可能的原因是，驱动市场导向有助于企业开展探索式学习，从而促使企业超越其当前经验和知识领域范畴，在全新的市场发现全新的顾客价值要素。驱动市场导向反映了一种探索式学习行为（March, 1991），在驱动市场导向下，企业会主动搜索新的、多样化的信息和知识，而不是局限于当前客户领域之内。例如，驱动市场导向下的陕鼓集团就有非常明显的探索式学习倾向，印建安特别强调"无知者无畏"，正如印建安所言"无知并不是没有知识和文化，而是没有条条框框的束缚。陕鼓集团就是要突破过去风机行业的框框，走出风机这个专业、走出风机制造这个领域"。万达集团也特别强调"敢创新"，正如王健林所言"清华北大，不如胆子大"。可见，驱动市场导向确保了商业模式创新企业在组织内部开展多样化的试验，提醒企业注意到新市场的开发，最终促进了顾客价值颠覆。

与之相反，反观同行业原领导者，在商业模式创新企业具有强烈驱动市场导向并积极开展第一轮商业模式创新时，同行业原领导者却从过去的"弱市场导向"转变为"市场驱动导向"，最终未能实现顾客价值颠覆。可见，市场驱动导向与顾客价值颠覆有着负向相关关系。为什么市场驱动导向不利于顾客价值颠覆呢？

一个可能的原因是，市场驱动导向会使企业过于贴近顾客，使企业与顾客之间建立极为紧密的强关系，从而使企业陷入对当前顾客需求的过度关注之中而浑然不觉。例如，沈鼓集团特别强调"要紧紧盯住我们的高端市场，必保百分之百中标"，正略咨询通过"与客户同行"战略、万科集团则通过"万客会"与其顾客建立了极为紧密的纽带关系。这种强关系引导企业关注当前顾客需求，而不是关注未来的产品和服务，会使企业形成创新惯性（Verganti & Buganza, 2005），抑制企业主动地变革或者采取新技术（Christensen, 1997）。这种紧密联系的强关系所带来的负面影响与学者们的已有研究相一致，例如，Hamel 和 Prahalad（1994）与 Christensen（1997）提出，企业与其顾客间的紧密关系会抑制企业在一个动态市场中的柔性，企业迎合其当前顾客会被束缚在渐进性改进新产品上，从而错过破坏性技术的浪潮。Day（1999）则警告企业不要为客户所胁迫，他指出"关于企业日益变得市场驱动的担忧是，市场驱动可能使企业将注意力过度专注于现有市场，公司将因此无法看到新兴市场"。

另一个可能的原因是，市场驱动导向具有挖掘式学习特征，会使企业陷入认知和能力陷阱。沈鼓集团"心无旁骛地抓住企业核心事务不放"是这种挖掘式学习的最佳写照，随着与当前顾客价值相关的特定技能和程序相关的经验和能力的累积，企业的知识结构发生固化（Handerson & Clark, 1990）。认知地图变得日益固化，现有的范式解决方案被应用于所有问题（Leonard-Barton, 1990）。由于绩效取决于活动中的潜在返回和一个企业在活动中的能力，企业的经验表现出收益递增趋势（March, 1991）。经验和能力之间的良性互动反馈产生强烈的路径依赖并将企业拖入熟悉陷阱。现有流程中的能力提升阻碍了其他流程中的试验,并使搜索新创意日渐缺乏吸引力。因此,市场导向可能会阻碍企业对现有顾客价值区域以外新领域的探索(Berthon,Hulbert & Pitt,1999),并且会使企业面临丧失迅速适应顾客需求和市场环境转变能力的风险(March,1991)。

2. 市场驱动导向与顾客价值提升

数据分析表明,在两类营销洞察过程中,市场驱动导向与顾客价值提升均有着密切的联系。市场驱动导向推动两类企业不断实现顾客价值提升。市场驱动导向能够促使企业与顾客建立更加紧密的联系,使企业不断贴近顾客,能够对顾客价值进行细致入微的理解,并通过渐进式的调整来改进企业产品或服务,强化顾客价值的颗粒度和精准性。企业学习和掌握顾客价值相关的经验和能力的每一次提升,都会提高企业行动获得回报的可能性,进而进一步增强企业采取相关行动的可能性(Argyris & Schön,1978)。与当前顾客和其显性需求所需技能和程序相关的能力越强,越能促进企业使用这些技能和程序,因此进一步提高与这些技能和程序相关的经验。经验和能力之间的相互正向反馈促使企业搜索与现有知识库相关的外部信息,促使知识组合更加高效,可预测性更强,最终促进企业不断提升其现有的顾客价值(Atuahene-Gima et al.,2005)。例如,陕鼓集团就强调以"多方位、立体化"的视角看待市场和顾客。正如印建安所言"在逐步深入顾客的过程中,我们逐步探索'全生命周期、全流程'立体化满足顾客的需求"。

3. 双元市场导向与顾客价值丰富

数据分析表明,在商业模式创新营销洞察过程中,市场驱动导向与驱动市场导向的双元市场导向的存在,推动商业模式创新企业不断实现顾客价值丰富。如前所述,一方面,驱动市场导向的存在有利于顾客价值颠覆,有利于企业与顾客之间保持合理距离,避免市场驱动导向在营销洞察上的缺陷。另一方面,市场驱动导向的适时(在完成第一轮商业模式创新之后)出现还可以避免过度驱动市场导向所带来的负面影响,使企业更加务实地进入新的顾客需求领域。过度的驱动市场导向也存在着一定的负面影响,容易使企业陷入"为了创新而创新"的陷阱,使企业偏离顾客需求这一顾客价值创新的根基。过度的驱动市场导向也面临着较高的风险和成本,因为专注于不熟悉的信息和知识在某种程度上是低效的(Levinthal & March,1993)。一个企业可能从一个新的创新转向另一个新的探索,而没能有效利用先前的学习和经验(March,1991)。

基于上述分析,本章形成了如下研究发现:

研究发现 4.7:驱动市场导向更有可能实现顾客价值颠覆,市场驱动导向更有可能实现顾客价值提升,而双元市场导向更有可能实现顾客价值丰富。

第四节 文献对话

一、对已有理论的延伸和突破

本章构建了商业模式创新中营销洞察的营销导向过程模型。在营销导向上,商业模式创新企业与秉承常规营销理论的同行业原领导者存在显著差异,并分析了导致这一现象的原因。受定量统计实证研究方法的限制,营销学者几乎很少对某一企业不同时期营销导向类型的变化也就是企业不同时期营销洞察过程的营销导向进行过程性研究,而案例研究的优势恰恰在于此,能够使笔者揭示企业在不同时期纵向的营销导向演变过程。本书对已有文献最核心的突破在于,我们从过程性视角出发,揭示了商业模式创新营销洞察过程的营销导向,发现了商业模式创新企业所特有的双元营销导向演变过程,并分析了导致这种演变过程的原因及其结果。具体展开为以下几点:

第一个理论延伸是,在商业模式创新营销洞察过程中有驱动市场导向出现,而在秉承常规营销学理论的同行业原领导者的营销洞察过程则没有驱动市场导向出现。商业模式创新中营销洞察过程在营销导向的演变上,包括"弱市场导向"→"驱动市场导向"→"双元市场导向"三个阶段。而营销学中营销洞察过程在营销导向的演变上,只有"弱市场导向"→"市场驱动导向"两个阶段。

第二个理论延伸是，在商业模式创新营销洞察过程中，存在一种特殊的双元市场导向。文献回顾表明，营销学者就市场驱动导向和驱动市场导向的关系存在多种论述（例如，两者是互斥的、两个极端，Carpenter et al.，2000）。我们的研究发现表明，市场驱动导向和驱动市场导向并不是互斥的，也不是连续统一体的两个极端，而是真实存在于企业内部的两种并行不悖的市场导向。商业模式创新中双元市场导向的存在，突破了营销学有关市场驱动导向和驱动市场导向二元对立的理论观点。

第三个理论延伸是，本书修正了"企业家重视"变量与"驱动市场导向"的直接相关关系。现有研究文献认为，企业家在改变企业文化尤其是创造市场导向时扮演了极为关键的角色，推动了驱动市场导向的形成和发展（Day，1994）。然而，我们的研究表明，尽管企业家重视是驱动市场导向的重要前因变量，但企业家重视并不能直接对驱动市场导向起到正相关作用。企业家必须借助于"企业生存危机"消除"刺激贫乏"的影响，才能推动整个企业转变为"驱动市场导向"型企业。换句话说，企业家是"驱动市场导向"先决条件，没有企业家，企业就不可能向"驱动市场导向"转变，但企业家却并不是"驱动市场导向"的充分条件，仅仅有企业家并不能确保企业向"驱动市场导向"转型。只有当"企业生存危机"消除了"刺激贫乏"后，企业家与驱动市场导向之间才存在正相关关系。

第四个理论延伸是，本书分析了驱动市场导向和市场驱动导向的出现时间节点，以及案例研究企业相应时间的顾客价值变化。通过对商业模式创新企业营销导向演变过程的分析，阐明了驱动市场导向和市场驱动导向究竟是如何创造和保持卓越顾客价值的。在已有的营销学文献中，市场驱动导向和驱动市场导向的结果变量主要包括组织绩效、顾客绩效、创新绩效和雇员绩效四种类型（Jaworski & Kohli，1992）。然而，仔细分析这些营销学文献，对于两种市场导向究竟是如何以及怎样创造卓越的顾客价值的。这些已有文献却普遍语焉不详。本书的一个重要贡献就是，通过案例研究，我们从营销导向演变过程的新视角解释了传统行业原有领导者错失顾客价值颠覆和商业模式创新的原因。关于这个问题，已有研究文献认为，思想僵化（Collins & Porras, 2005）、缺少危机意识（Sitkin, 1992）、官僚主义和管理不善（Beer et al., 1979）是导致企业没有采用驱动市场导向的重要原因。而我们的研究发现，除了这些原因，我们所观察到的案例企业，其企业家都表现出强烈进取心、敢冒险、懂经营、捕商机、善创新，两类企业也都高效运作。导致商业模式创新企业在相同的行业背景中，发现迥异于同行业原领导者的顾客价值的一个原因是，由于缺少企业生存危机的调节作用，同行业原领导者的市场驱动导向过早地出现，并且在这些企业的营销导向演变过程中始终没有出现驱动市场导向。市场驱动导向强化了同行业原领导者对现有顾客价值的深度认识，但却形成认知惯性，使这些企业未能看到现有顾客价值领域之外的顾客价值。

二、与相似文献的对比

讨论与研究发现相似的文献也同样重要，这能够将通常互不相干的现象通过内在的相似性联系起来。与经典的类似文献的对比能够使得出的结论具有更强的内部效度、更广泛的普适性（Eisenhardt, 1989）。与"双元营销导向演变过程"相类似的文献主要有双元理论和悖论整合理论。

（1）"双元营销导向演变过程"能够被组织学领域的"双元理论"（Ambidexterity）所支撑。Duncan（1976）最早提出构建双元型企业组织以期平衡和协调企业发展过程中的渐进性和突破性悖论。March（1991）首先使用挖掘性（Exploitation）能力和探索性（Exploration）能力来描述组织学习的这种双重能力，认为这种企业同时具有在成熟市场上利用现有资源的能力与在新兴市场上开拓新产品和服务的能力。Tushman 和 O'Reilly（1996）提出的双元性组织（Ambidextrous Organization）。对于组织来说，由于过分强调挖掘性创新，而不能够快速适应环境变化，可能会陷入"核心刚性"和"能力陷阱"，从而阻碍和抑制组织创新。过分强调探索性创新，虽然组织可以不断更新知识库，却又会使企业陷入"创新陷阱"，呈现"次优均衡"和"路径依赖"，导致企业周而复始的"探索—投资—失败"的恶性循环。双元理论认为"双元性组织"必须具备以往传统组织所不具备的"双元性能力",才能应对市场环境的快速变化。"双元营销导向演变过程"与"双元理论"在其核心思想上是相似或一致的,在双元营销导向演变过程的最终阶段,商业模式创新企业所呈现的驱动市场导向和市场驱动导向并存的格局,驱动市场导向倾向于重构顾客价值,市场驱动导向倾向于提升顾客价值,两者是两种截然不同的组织能力。可以说,双元营销导向演变过程既被双元组织理论所支撑,又为双元组织理论提供了营销学领域的最佳例证。

(2)"双元营销导向演变过程"还能够为战略学领域的"悖论整合"(Chen,2002)理论所支撑。"悖论整合"理论是 Chen(2002)从东西方思维特点出发,提出的一种理论。悖论整合体现了中庸之道,所谓中庸并不是无原则地"和稀泥",而是在坚持方向与原则的大前提下,既承认矛盾双方的对立性,又利用矛盾双方的整体性(Nisbett,2003),最终将具有矛盾的双方予以创造性地平衡与融合,从而形成对立统一和动态平衡(武亚军,2013)。商业模式创新企业特有的双元营销导向演变过程就是悖论整合的一个典型。市场驱动导向有利于顾客价值提升,但不利于顾客价值颠覆,而驱动市场导向则有利于顾客价值颠覆。企业为了发现独特的顾客价值、实施商业模式创新,就需要同时建构两种形式的市场导向。

本章小结

经过对比性案例研究和扎根理论归纳式分析,汇总[研究发现4.1]~[研究发现4.7],本章就营销洞察过程的营销导向形成了"双元营销导向演变过程"的关键研究发现,即商业模式创新中营销洞察过程的营销导向经历了从"弱市场导向"向"驱动市场导向"的演变,继而向"驱动市场型"和"市场驱动型"并存的"双元市场导向"的演变过程。在这一过程中,企业家重视是企业向市场导向转型的前因变量,而企业生存危机则是企业选择市场导向类型的条件。同样的高度重视市场导向的企业家，企业生存危机越强，企业越可能采用驱动市场导向；反之，企业生存危机越弱，越可能采用市场驱动导向。商业模式创新企业面临着现实的企业生存危机，在企业家重视的推动下，完成了从弱市场导向到驱动市场导向的跃进，实现顾客价值颠覆，其后在双元市场导向作用下，实现了顾客价值丰富。反之，秉承常规营销理论的同行业原领导者因为没有现实的企业生存危机，仅在企业家重视下实现了从弱市场导向到市场驱动导向的转变，提升了已有顾客价值。

第五章 边缘顾客

本书的第二个研究发现，是在商业模式创新营销洞察过程中，商业模式创新企业主要面向边缘顾客获取信息，而同行业原领导者则强调从主流顾客中获取信息。

第一节 营销洞察过程靶向顾客的数据分析

笔者围绕"面向何种顾客获取顾客价值信号"议题，以案例企业为单位，采用扎根理论编码分析程序（参见本书第三章第四节第二部分内容），对六家案例企业相关数据进行分析。

一、开放性编码

表5-1为本章数据分析所形成的部分自由节点（自由节点数量较多，仅展示部分典型自由节点）、概念、范畴。由于篇幅限制，且本节之后有"模型构念阐释、模型机理分析"等研究发现和研究讨论章节，因此这里仅以最核心的"边缘顾客"构念为例，展示数据分析过程。通过开放性编码，本书得到边缘顾客、顾客价值颠覆、主流顾客、顾客价值提升四个范畴。

表 5-1 开放性编码分析举例

案例企业	部分自由节点	自由节点对应的原始资料语句	概念化	范畴化
陕鼓集团	非主流市场	对手不太重视的区域市场	非传统业务	边缘顾客
	领导非议	接了这个订单，引来了陕鼓不少领导的非议		
	工业气体	陕鼓动力涉足工业气体，五年剑指百亿元营收		
	无边界拓展	陕鼓从传统的冶金、石化，进入了空分、硝酸、余热发电、市政水处理等多个领域；陕鼓动力转型成为节能服务型企业		
	未满足需求	看似饱和的风机市场，其实随处充满未被满足的需求	非主流需求	
	主机之外的服务	陕鼓是做设备的，工程总承包的事儿我们没做过，有风险；再说，像土建这种没什么技术含量的活儿，不该是我们做的吧？		
	新需求	陕鼓在选择未来业务构成中，也试图做这样一些事情：寻找新的需求，形成长线的服务型业务，使企业能够平稳增长		
	边界饱和	任何好的产品和服务，都会有个边界的饱和		
	跳出客户边界	跳出了"单一产品供应商"的局限	非核心顾客	
	客户需求变化	外部市场环境在不断变化，客户需求也在变化		
	市场中心转移	"市场中心转移"战略		
	可有可无	做配套的控制系统，20多万元的订单，完全可有可无		
	拉动收入	如果只卖单一的产品，陕鼓只能拿到683万元的TRT主机订单，但实施"交钥匙"工程，陕鼓的订单从683万元变成了3080万元	潜在力量	
	锁定顾客	供货范围扩大，系统管理能力增强，可以与陕鼓进行竞争的企业大量减少，陕鼓获取订单的能力大幅度增强		
万达集团	收租物业	我当时感觉到我们要是老是做这个住宅房地产，风险比较大，现金流不稳定，后来形成统一的认识，做收租物业	非行业主流领域	

续表

案例企业	部分自由节点	自由节点对应的原始资料语句	概念化	范畴化
万达集团	商业地产	2000年的时候，大家还普遍没认识到商业地产，主要的房地产企业都在琢磨如何做好住宅地产	非行业主流领域	边缘顾客
	同行不为	当时市里的三家去谈就说你们把它改造了，一分钱不要，说给你些补贴，他们都不干		
	棚户区改造	我们第一个在全国房地产开发中进行了城市旧区改造，打开了一条新路子，也成就了拆迁，改造棚户区这么一个先例		
和君咨询	中小企业	中小企业在发展中蕴含着大量机遇，也有很多管理性的需求	非行业主流顾客	
	小订单	本土咨询和外资咨询企业还不在一个层面上竞争，相对于外资咨询动辄上百万元的单子，本土咨询几十万元的订单都很大了		
	弱支付能力	像马良传播这些创业企业，在创业初期根本没有现金支付能力		
	差异化需求	中小企业面临转型经济下如何成长的独特管理咨询需求		
	选择顾客	并不是所有企业都值得服务；并不是愿意付钱的企业就值得我们为之服务		
	资本服务	对于和君咨询这样一个管理咨询公司而言，资本服务并不在管理咨询服务的范围之内	非传统领域	
	人才培训服务	与资本服务类似，人才培训是学校的事情，但我们发现商学院的培训并不能解决中小企业的实际需求		

注：在开放性编码过程中存在大量自由节点，限于篇幅不能一一展示，本表格仅以边缘顾客核心范畴为例，展示部分典型自由节点，说明本书的数据分析过程。后续章节有完整的模型阐述和研究发现展示。

二、主轴编码

笔者通过分析发现，在开放性编码中得到的不同范畴在构念层次上是存在一定内在联结的。笔者运用典范模型对通过开放性编码所得到的范畴进行了归类、整理。"边缘顾客"作为一个特殊"现象"（即主范畴）将其他范畴联系起来。主范畴边缘顾客的典范模型分析过程如图5-1所示。

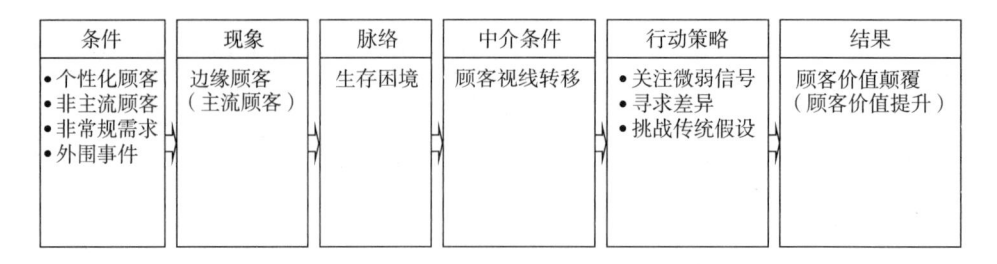

条件	现象	脉络	中介条件	行动策略	结果
• 个性化顾客 • 非主流顾客 • 非常规需求 • 外围事件	边缘顾客 (主流顾客)	生存困境	顾客视线转移	关注微弱信号 寻求差异 挑战传统假设	顾客价值颠覆 (顾客价值提升)

图 5-1 主范畴边缘顾客的典范模型

注：主流顾客、顾客价值提升为同行业原领导者所特有，是与商业模式创新企业相对应的构念。

三、选择性编码

笔者通过对边缘顾客、主流顾客、顾客价值颠覆、顾客价值提升四个范畴的继续考察，尤其是对主范畴"边缘顾客"的深入分析，同时结合商业模式创新企业和同行业原领导者迥异的企业实践，发现这些范畴描述了这样一个故事，"商业模式创新企业借助视线转移，通过关注微弱信号、寻求差异、挑战传统假设等行动，关注边缘顾客，最终完成了顾客价值颠覆。反之，同行业原领导者因为没有实施视线转移，紧盯主流顾客，完成了顾客价值提升，未能实现顾客价值颠覆"。

"边缘顾客导向"是这个故事背后的故事线，也就是上述四个范畴的"核心范畴"。以此为基础，笔者构建出商业模式创新中营销洞察过程的靶向顾客模型（见图 5-2）。该模型表明，边缘顾客是商业模式创新企业在营销洞察过程中的靶向顾客，边缘顾客是商业模式创新企业能够实现顾客价值颠覆的重要原因。

```
边缘顾客              顾客价值颠覆
(主流顾客)    ──→    (顾客价值提升)
```

图 5-2 营销洞察过程的靶向顾客模型

注：主流顾客、顾客价值提升是营销学营销洞察中同行业原领导者的数据，因此用括号形式体现。

第二节 营销洞察过程靶向顾客的构念阐释

作为一个案例研究，笔者在本节详细展示通过扎根理论分析所形成的相关构念，并通过构念阐释呈现本书的研究发现。因为本书的第四章第二节第五部分内容已经展现了顾客价值颠覆、顾客价值提升相关数据，为了避免不必要的重复，本章仅展示边缘顾客和主流顾客相关质性资料数据。

一、边缘顾客

"边缘顾客"是指"非当前业务焦点、处于组织当前主营业务领域外围、具有差异化且迥异于行业惯常假设需求，但有极大潜力的顾客"。商业模式创新企业在营销洞察过程中并没有如营销学理论所强调的那样关注主流顾客，而是关注一种我们称之为"边缘顾客"的顾客群体（见表 5-2）。边缘顾客具有如下特征：

（1）在所处位置上，边缘顾客隐藏在企业当前主营业务领域的外围地带，处于组织边缘的外围区域，通常是行业领导者不太重视的区域市场，甚至是看起来无利可图的小客户。以陕鼓集团为例，畜牧行业的金河生物公司处于其主营业务领域钢铁行业之外，并且金河生物也不是风机制造企业的主流目标顾客。对于和君咨询来说，马良传播等创业型小微企业，也不在其最初锁定的大型企业客户群体之中。而正略咨询作为同行业原领导者甚至根本不屑于服务马良传播这样的创业型小微企业。就万达而言，1998 年的商业地产不仅处于万达集团住宅地产核心主业之外，就是在整个房地产行业，商业地产也绝不是行业的主流。

（2）在需求特征方面，边缘顾客具有非常清晰的个性化需求，但他们的需求是一种边缘需求，与当时行业企业普遍的主流需求假设存在显著差异，也与企业现有的资源和能力不匹配。以 1989 年的陕鼓集团为例，首钢一公司"主机之

表 5－2　商业模式创新企业的边缘顾客特征

案例企业	顾客/项目名称	时间	所处行业或领域	当时主营业务领域	该客户的需求	当时行业的主流需求假设	单个顾客利润水平	最初单个顾客占企业总收入比	收入拉动或锁定顾客效应
陕鼓集团	首钢一公司	1989 年	钢铁行业	钢铁行业	主机之外配套服务	透平主机设备	高	低，仅有 20 万元	未最终成交，项目因企业内部争议夭折
	宝钢上钢一厂	2001 年	钢铁行业	钢铁行业	主机之外的配套服务	透平主机设备	高	高，仅有 3000 万元，相对动辄上千万元的设备微不足道	高，从 600 万主机设备变成最终成交的 3000 万元产值
	大连石化公司	2003 年	石化行业	石化行业	设备全生命周期全托式服务	透平主机设备	高	低，设备维修服务实现的收入很低	高，拉动主机设备销售，此后与大连石化成交多套设备
	金河生物公司	2005 年	畜牧行业	钢铁行业	融资服务	空分设备	高，不仅出售设备还可以获得租赁利润	低，金河生物是民营企业，采购相对较小	高，陕鼓集团与金河生物形成战略合作伙伴
	宁波钢铁公司	2011 年	钢铁行业	无边界拓展	备品备件服务	透平主机设备	高，配件的利润远高于整机	低，配件的销售额总体很小	低，陕鼓集团与宁波钢铁结成战略伙伴
万达集团	大连市政府北棚户区改造	1988 年	住宅地产	住宅地产	棚户区改造	住宅、行业假设相悖	高，旧城改造利润高，但一般人不愿干	重要，对于创业期的万达十分重要	重要、第一桶金
	长春万达广场	1998 年	商业地产	住宅地产	商业地产投资	住宅地产	高	低，万达当时主业是住宅地产	项目失败，打了 200 多个官司

续表

案例企业	顾客/项目名称	时间	所处行业或领域	当时主营业务领域	该客户的需求	当时行业的主流需求假设	单个顾客利润水平	最初单个顾客占企业总收入比	收入拉动或锁定顾客效应
万达集团	沈阳万达广场	1999年	商业地产	住宅地产	商业地产投资	住宅地产	项目失败，推倒重建	低，万达当时主业是住宅地产	项目失败，推倒重建
和君咨询	山东六和集团	2000年	小型民营企业	大型企业	管理咨询	管理咨询	高	低，小企业的订单与大型国有企业相比很小	不明显
	马良传播公司	2006年	初创企业	大型企业	远期支付、非货币形式支付咨询服务	预付款式管理咨询	远期利润水平高，但即期利润不明显	低，马良传播作为初创企业，其业务占和君比例很小	高，对马良传播的1.9%持股，现已增值10倍
	潮宏基珠宝	2007年	中小企业	中小企业	资金支持、管理咨询	管理咨询	远期利润水平高，但即期利润不明显	低，仅提供管理咨询服务，没有提供资本支持	不明显，因为仅提供了管理咨询服务
	聚成教育	2008年	创业企业	中小企业	全方位管理咨询、资金支持	资金支持、管理咨询		高	高，入股2000万元，增值5倍以上
	晋江商会	2012年	中小企业	中小企业	人才培训	管理咨询	高	低，商学培训的收入相比管理咨询收入很低	高，商学培训可以拉动管理咨询销售

外的配套服务"需求对于当时的陕鼓集团来说，是一种典型的边缘需求，与风机制造行业公认的透平主机设备性能需求假设存在严重冲突。不仅如此，边缘顾客的需求与企业现有的资源和能力是不匹配的。例如，陕鼓集团错过首钢一公司、和君咨询错过潮宏基珠宝等都是边缘顾客需求与企业最初资源与能力不匹配的典型体现。

（3）在财务特征方面，边缘顾客并不是企业当前业务的焦点，但他们有成为更重要力量的潜力。由于规模的原因，最初单个边缘顾客所形成的收入与企业整体收入或其他顾客相比，所占的比例很低，他们并不是企业当前业务的焦点。但单个边缘顾客的当期利润或者远期利润水平较高。不仅如此，边缘顾客还具有独特的销售收入拉动或客户锁定作用。例如，以2001年陕鼓集团的上钢一厂项目为例，如果卖单一主机设备，最多只有600多万元收入，但通过提供主机之外的配套服务，实现了3000多万元的产值，整整是前者的4.5倍。对于和君咨询来说，马良传播10倍溢价的股权收入远远高于几十万元的咨询收入。万达集团的商业地产开发所带来的稳定现金流和对院线、酒店、文化产业的带动作用，也是住宅地产所不能比拟的。

二、主流顾客

与商业模式创新企业在营销洞察过程中关注"边缘顾客"相反，同行业原领导者更为关注"主流顾客"（见表5-3）。主流顾客是指"处于企业当前业务核心、具有共性且与企业当前资源和能力相匹配的需求、现有顾客群体中的重点顾客"。主流顾客具有以下特征：

（1）主流顾客是企业当前业务的核心，是企业当前销售收入和利润的主要来源。以沈鼓集团为例，中国石油天然气股份有限公司和中国石油化工股份有限公司是其主要销售收入来源。以2011~2013年的数据为例，两家企业占沈鼓集团营业收入的比例分别高达26.04%、30.63%和27.77%。万科集团几乎全部收入都来自于其锁定的住宅目标顾客群体。而以上市公司为主的大型企业占正略咨询顾客的比例在60%以上，占其销售收入和利润的90%以上。

第五章　边缘顾客

表5-3　同行业原领导者的主流顾客特征

案例企业	时间段	目标顾客	需求	与行业假设的匹配度	竞争激烈程度	利润水平	顾客的财务重要性
沈鼓集团	1949~2011年	石油、石化行业，以中石油、中石化为代表的高端客户	高性能大型风机设备	高	强，面临GE、西门子等竞争	逐年走低，从早期的40%到2010年的10%	高，仅中石油、中石化占比就高达30%以上的收入
万科集团	1992~2013年	住宅购买者	高性价比住宅	高	高，面临中海、远洋等企业的竞争	逐年走低，从早期暴利阶段向合理利润回归	高，万科来自于其锁定的目标顾客群体的全部收入人均
正略咨询	1992~2012年	以上市公司为主要客户群，占顾客比例在60%以上	管理咨询	高	惨烈，面临国外麦肯锡、波士顿等外资巨头挤压，和国内南北大纵横等竞争	逐年走低，2011年爆发合伙人危机，核心合伙人出走	高，大型企业是正略咨询的主要收入来源，约占90%

资料来源：笔者分析整理。

· 99 ·

（2）主流顾客具有非常清晰的共性需求，并且这种需求与企业现有的资源和能力相匹配。一方面，清晰的共性需求是主流顾客的鲜明特征。对于沈鼓集团而言，中石油、中石化从"小炼油"时代向"大炼油"时代进化的过程中，其对单体设备的容量、可靠性等性能要求持之以恒；对于万科集团而言，在快速城市化过程中，中国城市家庭对于住房的居住需求和投资需求也基本没有发生变化；正略咨询的大型上市公司顾客，解决企业管理问题的需求始终如一。另一方面，同行业原领导者已有的资源和能力与主流顾客的共性需求是较为匹配的。沈鼓集团的技术研发和精益生产能力、万科集团房地产开发能力，以及正略咨询不断积累的管理咨询经验，都与主流顾客的需求相匹配。

（3）主流顾客是公司现有顾客群体中的重点客户，也是行业内部企业竞争追逐的目标。在风机制造行业，中石油、中石化不仅是沈鼓集团的主流顾客，也是 GE、西门子等跨国企业竞相追逐的目标。在房地产行业，中海地产、远洋地产等数十家房地产企业通常会扎堆与万科集团展开激烈的客户争夺。在管理咨询领域，正略咨询则面临麦肯锡、罗兰贝格等外资咨询巨头和北大纵横等本土咨询企业的倾轧。在惨烈竞争中，这些企业的主流顾客已经成为不折不扣的红海。

基于上述分析，本书形成了如下研究发现：

研究发现 5.1：商业模式创新企业对边缘顾客需求投以更多的关注，而行业原领导者则专注于主流顾客需求的满足。

第三节 营销洞察过程靶向顾客的机理分析

为什么商业模式创新企业通过关注边缘顾客实现了顾客价值颠覆（见表 5-4），同行业原领导者关注主流顾客却仅仅实现了顾客价值提升（见表 5-5）呢？

一个重要的原因是，边缘顾客的外围地位拓展了顾客价值的范围，促进了顾客价值颠覆。从表 5-4 中可以看出，边缘顾客处于企业当前主营业务领域的外

表 5-4 边缘顾客与顾客价值颠覆的关系

案例企业	原顾客领域	原顾客价值	边缘顾客	边缘顾客需求	新顾客价值范围	新顾客价值层次
陕鼓集团	钢铁行业	主机设备	首钢一公司	主机之外的配套服务	成套设备服务	动力设备系统问题的全方位解决方案和系统服务
			金河生物公司	融资需求，租赁设备	金融服务、出租设备	
			宁波钢铁公司	降低备品备件库存和人员	备品备件服务	
			大连石化公司	设备实时监控和维护	设备全生命周期全托式服务	
和君咨询	大型企业	战略、组织、人事咨询服务	山东六和公司	中小企业全面提升管理水平，端正战略选择	中小企业的管理咨询服务	中小企业成长全方位服务
			马良传播公司	创业企业，提升管理，降低咨询服务门槛	创业企业的咨询服务、咨询换股股权	
			聚成教育	中小企业提升管理和引发展所需资金	咨询和资本服务	
			晋江商会	人才培训	商学培训服务	
万达集团	城市居民	住宅	城市居民	城市化生活	居住、娱乐、购物等城市生活服务	"一站式"城市生活
			商业客户	拓展全国市场	商业平台	全国性商业平台

表5-5 主流顾客与顾客价值提升的关系

案例企业	原顾客领域	原顾客价值	主流顾客行动	结果	新顾客价值范围	新顾客价值层次
沈鼓集团	石油、石化、电力行业	提供透平机械主机设备	·向高精尖进军 ·"沈鼓集团的主攻方向是高端产品、盯住高端市场"（苏永强，沈鼓集团董事长）	单体设备的容量、可靠性不断提升，例如，先后研发出24万吨/年、36万吨/年、64万吨/年、100万吨/年乙烯装置用大型离心压缩机	高端大型设备的性能和价格	主机设备本身
正略咨询	大型企业、上市公司	解决企业的管理问题	·行业聚焦（聚焦在房地产、工程机械、汽车、传媒、金融、医药、能源化工、传媒七个主要行业） ·功能聚焦（聚焦在企业战略、营销管理、组织管控、企业文化、人力资源管理五个功能领域）	管理咨询方案日益专业、实用，具有高性价比	管理咨询服务的专业、实用、价格	管理咨询服务环节
万科集团	城市中产阶级	住宅的居住属性	·更加精细的市场细分（经济务实、青年之家、青年持家、小太阳、后小太阳、三代之家、活跃长者八个子类） ·万客会加强客户关系管理 ·更加专业的品牌物业管理	四大类产品线（金色系列、城花系列、四季系列、高档系列共四大系列八大类产品线）	住宅的居住舒适、价格	住宅的居住属性

围地带，迎合和理解边缘顾客意味着将企业的顾客价值带离当前核心领域，最终会拓展顾客价值的范围，发现新的顾客价值要素。例如，边缘顾客将陕鼓集团带离传统的钢铁行业，转移到钢铁、石化、饲料等其他更为广阔的行业中；边缘顾客促使和君咨询从传统的大型企业顾客群转移到中小企业、初创企业这些新兴群体上；边缘顾客更是将万达集团带离传统的住宅地产领域，拓展到商业地产更广阔的空间。毫无疑问，边缘顾客的存在，使企业能够搜索顾客领域的远距离部分，使企业能够接受"在组织愿景边缘的模糊地带"（Day & Schoemaker，2005）的边缘微弱信号。与之相反，从表5-5数据中可以看出，主流顾客使同行业原领导者将资源重心集中在当前的顾客领域之中，使它们不断地通过市场细分向特定市场进军，从而在更深层次上理解当前主流顾客的需求。例如，沈鼓集团不断增强其对石油、石化、电力领域顾客价值的深度，提供性能更加优异的产品；正略咨询则通过行业聚焦和功能聚焦进一步提升了管理咨询服务的专业性、实用性和价格竞争力；万科集团则在更加精巧的市场细分策略下，提供更为舒适的住宅。主流顾客是企业已经具备大量先前经验的顾客（Slater & Narver，1998），面向主流顾客会提高企业关于现有顾客价值认识的深度，增加现有顾客价值相关知识的数量和透彻性（Prabhu et al.，2005），因此主流顾客有利于顾客价值提升。然而，仅仅关注主流顾客，忽视边缘顾客会限制企业对顾客信号的搜索范围，使企业局限在主流顾客群体中，造成企业从顾客处所获得的经验的范围被限定在所服务市场产生的信号范围内。Hamel和Prahalad（1991）将这样一种收窄机会范围的现象称为"机会地平线收缩"，细分市场可能存在于尚未认知和阐述的区域。而边缘顾客的存在，将会引导企业不断询问谁应该是企业的顾客，而不是想当然地认为企业需要迎合其当前的主流顾客（Slater & Narver，1998），将企业从当前邻近顾客区域的经验和学习中拉出来，使其对顾客价值的理解不会被"限定在当前经验范围之内"。

另一个重要的原因是，边缘顾客与行业主流假设相悖的差异化需求提升了顾客价值的层次，促进了顾客价值颠覆。从表5-4中可以看出，边缘顾客不仅位于组织外围边缘地带，其需求也与行业主流需求存在较大差异。迎合和理解边缘顾客意味着企业需要颠覆行业固有的需求假设，在更高层次上满足顾客需求，最终会提升顾客价值的层次，提供全新的顾客价值要素组合。例如，边缘顾客促使陕鼓集团将顾客价值从"主机设备"的硬件层次提升到"动力设备系统服务和综合解决方案"层次；边缘顾客引导和君咨询从单一的"管理咨询服务"向全方位的中小企业成长方案层次跃进；边缘顾客还促使万达集团将房地产从最基本的居住属性向城市生活"一站式"服务和全国性商业平台跃进。与之相反，从表5-5数据中可以看出，由于主流顾客需求的清晰可见，面向主流顾客的学习是一种短期、近距离的学习行为，同行业原领导者通向主流顾客不断强化已有的顾客价值，却未能提升顾客价值的层次，未能提供全新的顾客价值要素组合。

基于上述分析，本书形成了如下研究发现：

研究发现5.2：面向边缘顾客更有可能实现顾客价值颠覆，而面向主流顾客虽然能实现顾客价值提升，但无法实现顾客价值颠覆。

第四节　文献对话

一、对已有理论的延伸和突破

本章对现有文献的理论延伸，是在商业模式创新营销洞察过程中，商业模式创新企业聚焦于"边缘顾客"，边缘顾客是与现有营销学和技术创新学文献中提及的主流顾客、新兴顾客、非顾客等顾客类型截然不同的一种新的顾客类型。边缘顾客与"主流顾客"存在显著差异，边缘顾客不在主流顾客范围之内，且有非常个性化的边缘需求。边缘顾客也与新兴顾客存在差异，新兴顾客通常具有模糊的需求，并且处于企业当前顾客群体之外，企业需要不断摸索才能发现。与新兴顾客不同，边缘顾客的需求是非常清晰的、个性化的。边缘需求也不是营销学文献所提及的"非顾客"，因为边缘顾客并不存在于组织现有顾客群体之外，而是隐藏在企业现有目标顾客群体之中，处于组织边缘的外围区域，通常是行业领导者不太重视的区域市场，甚至是看起来无利可图的小客户。因此，边缘顾客是一种不同于主流顾客、新兴顾客、非顾客、领先顾客等的新顾客类型。

二、与相似文献的对比

边缘顾客的研究发现能够被物理学和战略学等领域的"弱信号"（Weak Signals）理论所支撑。弱信号是指"在当前环境中非常不明显，但在未来会造成巨大影响的信息"（Rossel，2012）。Ansoff（1975）首先将物理学中的弱信号理论引入企业管理领域，他指出与传统战略规划依赖强信号不同，为了应对战略突变，企业需要更加依赖弱信号。Prahalad 和 Bettis（1995）探讨了企业管理领域强信号和弱信号的区别，弱信号并不能被广泛证实，因而很难察觉，但他们却对企业战略具有重大影响。Day 和 Schoemaker（2005）指出弱信号处于组织边界的外围区域，企业面临的最大危险是他们无法观察到组织的外围区域的弱信号。Ilmola 和 Kuusi（2006）指出在公司决策过程中需要有效地监控弱信号，弱信号是那些具有高偏差和低平均相关性的数据。Mendonca 等（2007）则探讨了弱信号分析的战略性力量，弱信号是那些毛糙的、非结构化的、零碎的、不完整和意外的环境数据，在充分考虑情景的情况下，这些弱信号可以被提炼成有价值的信息，并被进一步阐述为可操作的战略性知识。Schoemaker 等（2013）则强调企业需要通过战略雷达扫描尽可能多的弱信号信息。本书所提出的边缘顾客就是一种典型的弱信号，这些边缘顾客在企业当前主营业务领域的外围地带，处于组织边缘的外围区域，通常是行业领导者不太重视的区域市场，甚至是看起来无利可图的小客户，但这些边缘顾客具有非常清晰的个性化需求，代表了行业未来发展的一种顾客价值趋势。结合诸多学者对弱信号的定义，以及本书所阐述的边缘顾客构念，可以看出弱信号理论对本书所提出的边缘顾客构念提供了最佳的相似理论支撑。

本章小结

经过对比性案例研究和扎根理论归纳式分析，汇总［研究发现5.1］～［研究发现5.2］，本书就营销洞察过程的靶向顾客形成了"边缘顾客"的关键研究发现。即在营销洞察过程中，商业模式创新企业对边缘顾客需求投以更多的关注，并最终完成了顾客价值颠覆。反之，同行业原领导者则专注于主流顾客需求的满足，完成了顾客价值提升，但未能实现顾客价值颠覆。

第六章　MCC 流程

本书的第三个研究发现是，在营销洞察过程的分析流程环节，商业模式创新企业主要通过"多边顾客（Multilateralizing）→市场联结（Coupling）→顾客价值簇（Clustering）"的 MCC 流程选择目标顾客和界定顾客价值。而同行业原领导者则通过"市场细分（Segmenting）→目标市场选择（Targeting）→市场定位（Positioning）"的 STP 流程选择目标顾客和界定顾客价值。

第一节　顾客价值分析流程的数据分析

笔者围绕"目标顾客选择和顾客价值界定"议题，以案例企业为单位，采用扎根理论编码分析程序（参见本书第三章第四节第二部分），对六家企业相关数据进行分析。

一、开放性编码

笔者首先对诸多案例企业质性资料进行开放性编码。表 6-1 为本章数据分析所形成的部分自由节点（自由节点数量较多，仅展示部分典型自由节点）、概念、范畴。由于篇幅限制，且本节之后有"模型构念阐释、模型机理分析"等研究发现和研究讨论章节，因此这里仅以"顾客价值簇"为例，展示数据分析过程。通过开放性编码，本书得到与商业模式创新中营销洞察过程相关的多边顾客、市场联结、顾客价值簇，以及与营销学中营销洞察过程相关的市场细分、目标市场选择、市场定位共6个范畴。

表6-1 开放性编码分析举例

案例企业	部分自由节点	自由节点对应的原始资料语句	概念化	范畴化
陕鼓集团	成套设备战略	从用户的角度出发，实施工程成套战略	全方位解决方案	顾客价值簇
	系统解决方案	陕鼓动力，致力为发酵领域提供系统解决方案		
	工程总包	为发酵用户提供系统流程优化、锅炉、蒸汽、热电、压缩空气、蒸发、换热、发酵系统工程总包		
	交钥匙工程	在卖主机的同时，提供整个工程的设备、厂房、基础及外围设施建设的配套服务，实施"交钥匙"工程		
	工程成套中心	我们将节省下来的资源，建立了工程成套中心		
	组装终端产品	好比你们家没有电视，然后你就买了很多零配件，自己组装，效果如何可想而知		
	系统工程	进入客户企业内部，完成某个项目施工安装，直到最终调试和运营，包括打地基、盖房子、铺管道、拉电线乃至房前的绿化工程等各种工作		
	产品服务中心	为了推进服务，陕鼓建立了产品服务中心	系统服务	
	维修保养服务	陕鼓与宝钢宁波钢铁公司签订TRT风机专业维修保养合同		
	全方位服务	为客户提供全方位多样化的服务		
	"一站式"服务	陕西鼓风机"一站式"服务		
	备品备件服务	专业化备品备件服务，是指作为设备制造厂商的陕鼓向客户提供的备品备件服务		
	"三位一体"	陕鼓提出了"金融企业+核心企业+客户企业"的"三位一体"的融资服务模式		

续表

案例企业	部分自由节点	自由节点对应的原始资料语句	概念化	范畴化
万达集团	消费之王	13亿人穷了是包袱，13亿人富了就是世界最大的市场。万达所做的一切布局都是围绕"人"这个主题	一站式城市生活配套服务	顾客价值簇
	"一站式"消费	吃喝玩乐，"一站式"购物、消费、娱乐		
	城市生活	万达广场有一线品牌、购物环境好、位置不错		
	城市综合体	政府要推动城市化进程，为市民生活打造更好的消费场所，城市综合体无疑是最好的载体		
	多功能组合	万达广场包罗万象，有商业中心、五星级酒店、写字楼、公寓，有住宅、酒楼、国际电影城、电玩城、健身中心等非零售业态，真正做到多功能组合		
	相融共济	长期合作、共同成长一直是万达集团的理念	全国性商业运营平台	
	盈利机会	这些商家为什么愿意追随万达？这个你应该去问他们。万达集团老总王健林给出了最简单也最直接的回答——"原因就是赚钱"		
	跨区域成长空间	万达广场，开到哪里就跟到哪里		
	公平的商业氛围	我们通过品牌落位制度、品牌评价制度建立了公平的商业氛围，为中小企业提供公平的机会		
和君咨询	咨询服务	我们可以为中小企业提供什么服务？我觉得可以提供全面管理能力的服务	中小企业成长全方位服务	
	资本服务	和君有个特色的地方是帮办式咨询服务，系统性地帮你提供服务；我们和君下有个基金，规模不大，但有几亿元的基金，我们看好的项目我们自己会先投		
	人才培训服务	中小企业的成长需要一定的人才队伍支撑，甚至中小企业的创业者和领导者也需要提升自己的管理素养		

注：在开放性编码过程中存在大量自由节点，限于篇幅不能一一展示，本表格仅以顾客价值簇核心范畴为例，展示部分典型自由节点，说明本书的数据分析过程。后续章节有完整模型阐述和研究发现展示。

二、主轴编码

在主轴编码阶段，笔者通过分析发现，在开放性编码中得到的不同范畴在概念层次上是存在一定内在联结的。笔者运用典范模型对通过开放性编码所得到的范畴进行了归类、整理。"多边顾客"作为一种特殊"现象"（即主范畴）将其他范畴联系起来。主范畴多边顾客的典范模型分析过程如图6-1所示。

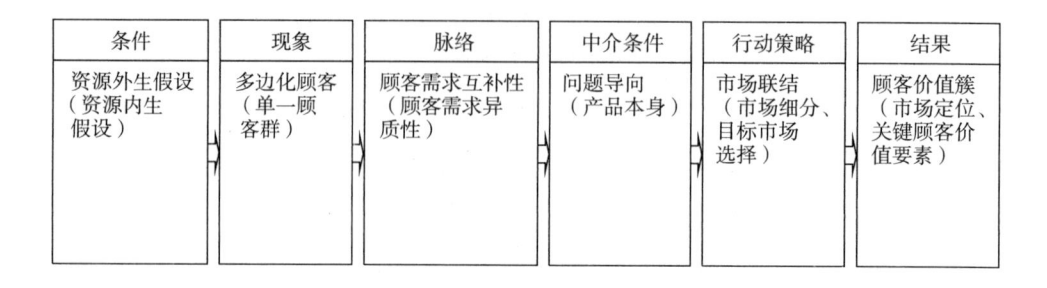

条件	现象	脉络	中介条件	行动策略	结果
资源外生假设（资源内生假设）	多边化顾客（单一顾客群）	顾客需求互补性（顾客需求异质性）	问题导向（产品本身）	市场联结（市场细分、目标市场选择）	顾客价值簇（市场定位、关键顾客价值要素）

图6-1　主范畴多边顾客的典范模型

资料来源：笔者整理分析，其中括号标识的为传统营销学营销洞察过程中同行业原领导者所特有。

三、选择性编码

在选择性编码阶段，笔者通过对多边顾客、市场联结、顾客价值簇、市场细分、目标市场选择、市场定位六个范畴的继续考察，尤其是对主范畴"多边顾客"的深入分析，同时结合商业模式创新企业和同行业原领导者迥异的企业实践，发现这些范畴描述了这样一个故事：在商业模式创新营销洞察过程的分析流程环节，商业模式创新企业通过由多边顾客、市场联结、顾客价值簇等阶段构成的 MCC 流程选择目标顾客和界定顾客价值。相反，在营销学营销洞察过程的分析流程环节，同行业原领导者通过由市场细分、目标市场选择、市场定位三阶段构成的 STP 流程选择目标顾客和界定顾客价值。

"目标顾客选择和顾客价值界定"是这个故事背后的故事线，即上述六个范畴的"核心范畴"。以此为基础，笔者构建出商业模式创新中营销洞察过程的 MCC 流程模型（见图6-2）。

```
                              MCC 流程
    ┌─────────┐      ┌─────────┐      ┌─────────┐
    │ 多边化顾客 │ ---> │  市场联结 │ ---> │ 顾客价值簇 │
    └─────────┘      └─────────┘      └─────────┘

    ┌─────────┐      ┌─────────┐      ┌─────────┐
    │  市场细分 │ ---> │目标市场选择│ ---> │  市场定位 │
    └─────────┘      └─────────┘      └─────────┘
                              STP 流程
```

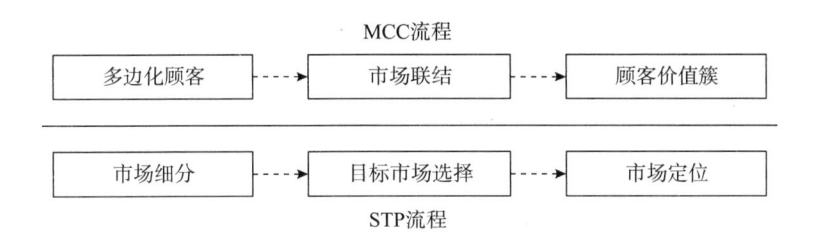

图 6-2　MCC 流程

注：MCC 流程不是关系型过程，即内部不同构念之间只有前后关系，而没有相关关系，仅仅是做事情的先后步骤，因此用虚线连接，以区别第四章、第五章的关系型过程。

第二节　MCC 流程的相关构念阐释

一、多边顾客

多边顾客是指"企业同时面向多个不同维度、具有不同诉求的目标顾客群体"（见表 6-2）。顾客维度数量是 MCC 流程和 STP 流程的首个区别。在 STP 流程中，同行业原领导者仅仅面向特定单一维度顾客，风机设备购买者、住宅购买者、咨询服务购买企业等产品/服务的直接购买者分别是沈鼓集团、万科集团、正略咨询的唯一维度的顾客。而在 MCC 流程中，商业模式创新企业则同时面向多个不同维度的顾客，既包括企业产品或服务的直接购买者，也包括其他相邻领域的合作伙伴顾客。例如，陕鼓集团的顾客包括下游工业企业、第三方金融机构、上游供应商三个维度；万达集团的顾客则涵盖从个体层面的房屋购买者、购物娱乐消费者，到组织层面的商业企业、地方政府、承建商、第三方酒店管理公司、银行七个维度；和君咨询的顾客也包括咨询服务购买企业、产业投资者、地方政府三个维度。

表6-2 多边顾客

案例企业	形式	维数	描述	典型证据援引
陕鼓集团	多边顾客	3	下游工业企业	唐山钢铁、金河生物、陕化化肥等
			第三方金融机构	第三方金融机构；四家战略合作关系银行，中信银行、招商银行
			上游供应商	55家上游供应商，GE、西门子、艾默生、MAGG
沈鼓集团	单边顾客	1	风机设备购买者	中石油、中石化、中海油为代表的大型风机设备购买者
万达集团	多边顾客	7	房屋购买者	房屋购买者
			个体消费者	购物娱乐消费者、酒店入住者
			商业企业	包括沃尔玛、家乐福、肯德基、必胜客、百脑汇、国美电器、大歌星KTV、百盛购物广场、红星美凯龙家具广场等15000家商业企业
			地方政府	109个城市地方政府，包括北京、上海、广州等直辖市或省会城市，以及苏州等热点城市
			承建商	中国建筑工程总公司下属一局、二局、三局、八局
			第三方酒店管理公司	希尔顿、喜来登、索菲亚、达斯汀、洲际酒店、凯越、铂尔曼等知名第三方酒店管理公司
			银行	中国银行、工商银行、农工业银行、中国进出口银行四家国有银行及诸多地方商业银行
万科集团	单边顾客	1	住宅购买者	住宅地产购买者
和君咨询	多边顾客	3	咨询服务购买企业	以汉威电子、潮宏基珠宝、沃森生物、马良传播、聚成教育金田铜业等为代表的中小企业
			产业投资者	上海重阳投资有限公司、深圳市龙笛投资发展有限公司、东莞市鹏华实业投资有限公司、福建新大陆科技集团有限公司等产业资本，以及深圳东江环保董事长张维仰等自然人投资者
			合伙人	以王丰、王煜、解浩然等为代表的160多位合伙人
正略咨询	单边顾客	1	咨询服务购买企业	中国铁路物资股份有限公司、中国直播卫星有限公司等大型上市企业

二、市场联结

市场联结是指"商业模式创新企业以自身作为中心节点和核心枢纽，通过利益关系和交易结构使多个维度的顾客彼此结成稳定的合作关系,最终形成一个价值网络的行动"。在 STP 流程中,同行业原领导者通过市场细分和目标市场选择聚焦特定单一细分维度顾客。这些同行业原领导者主要面向单边顾客,并寻找精巧的细分变量对外部市场进行有效细分,同时根据自身资源和能力,选择恰当的目标市场,从而实现营销学所强调的"市场细分和目标市场定位"。例如,沈鼓集团以"排气压力"和"行业"为细分变量进行市场细分,并选择具有苛刻性能要求的高端顾客作为目标顾客群体(见图 6-3)。

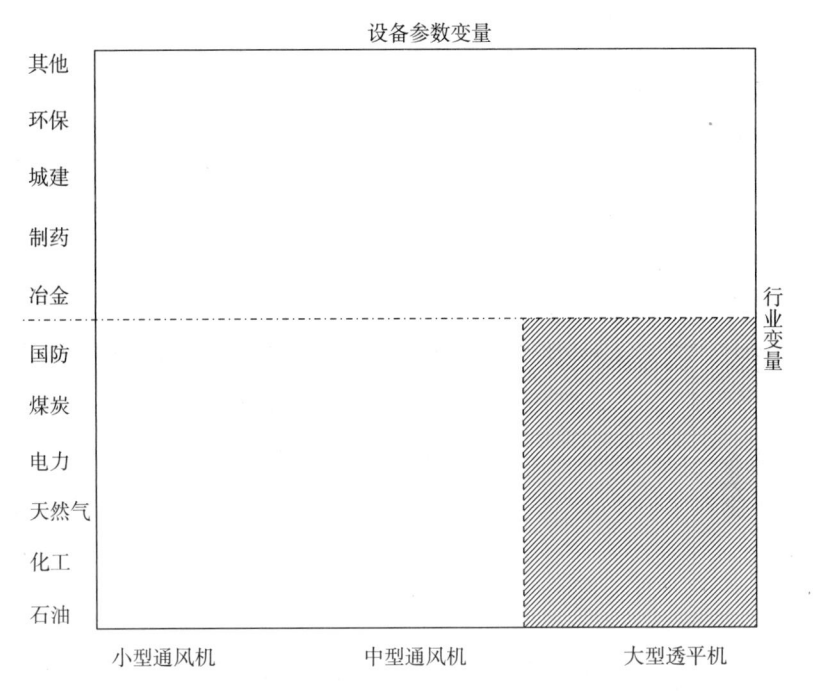

图 6-3 沈鼓集团的市场细分和目标市场选择

正略咨询以"功能"和"行业"两个细分变量进行市场细分,在功能上主要聚焦在企业战略、组织设计与管控、人力资源管理、营销管理、企业文化五个主要细分功能。在行业上,主要聚焦在房地产、工程机械、汽车、金融、医药、能源化工、传媒、IT 与通信等主要行业(见图 6-4),并建立与之相匹配的行业研究院和功能咨询中心(如战略咨询中心)。

营销洞察与商业模式创新

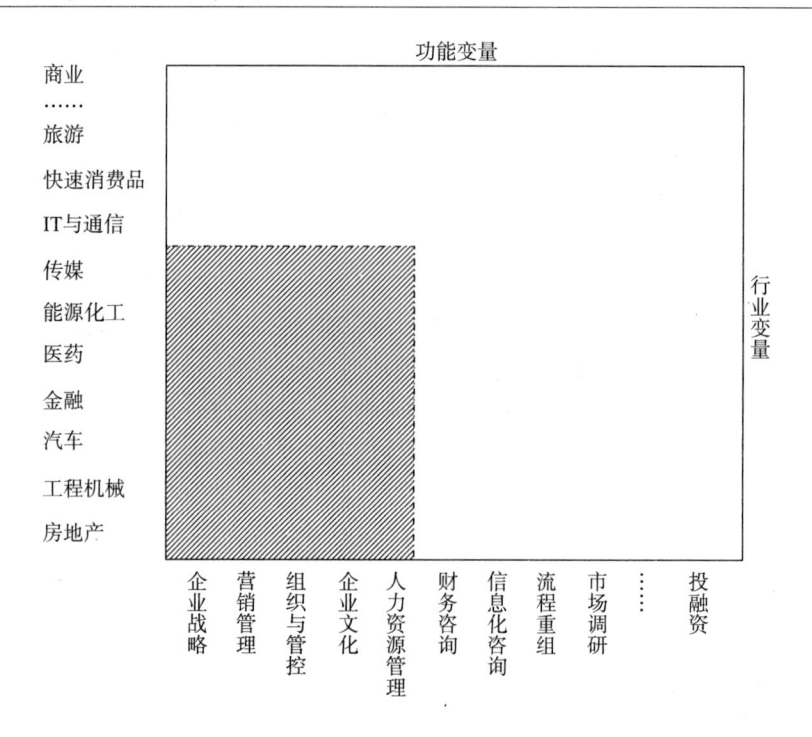

图6-4 正略咨询的市场细分和目标市场选择

万科集团以"家庭收入、家庭生命周期、价值取向"等为细分变量进行市场细分,并选择了望子成龙、社会新锐、经济务实、富贵之家四大类七个细分市场(见表6-3)。

表6-3 万科集团的市场细分和目标市场定位

价值取向	家庭生命周期	家庭收入	家庭特征	特定需求
望子成龙（31%）	小太阳	孩子年龄、是否和老人同住	业主+0~11岁孩子	对配套教育、交通的要求较高,需要兼顾工作和生活
	后小太阳		业主+12~17岁孩子	小孩有更好学习、生活,对配套教育和交通要求高
	三代孩子		业主+老人+18岁以下孩子	同时注重医疗、教育、社区环境,乐于举家出游

续表

价值取向	家庭生命周期	家庭收入	家庭特征	特定需求
社会新锐(29%)	青年之家	业主年龄、是否和老人同住	25~44岁的青年、青年伴侣（无孩无父母）	小户型、方便出行、娱乐
	青年持家		25~34岁单身或已婚青年+父母	户型好、房屋品质好
经济务实(25%)	经济务实	家庭年收入	家庭年收入较低的家庭	价格、房屋质量、物业费
富贵之家(9%)	富贵之家	家庭年收入	家庭年收入远高于一般水平的家庭	体现自身的社会地位、物业服务
活跃长者(6%)	活跃长者	有老人家庭的直代数	"空巢"老人家庭、中年夫妻+老人	注重养老、养生、环境和安全问题

与 STP 流程中的市场细分和目标市场选择不同，在 MCC 流程中，商业模式创新企业采用了一种"市场联结"的方式将多边顾客联结起来。例如，陕鼓集团通过"陕鼓成套技术暨设备协作网"（一种供应链管理创新，包括西门子、GE 等全球范围内的 56 家配套企业）、"核心企业+客户企业+金融企业"的"三位一体"融资租赁等方式（陕鼓集团作为核心企业与下游工业客户企业签订商品买卖合同、融资租赁合同，并引入第三方金融企业向下游工业客户企业提供贷款，陕鼓集团提供担保，并与下游工业企业客户签订回购协议。下游工业企业客户以 40%~60% 的资金支付首付款，其余设备款项以所购买设备作抵押向陕鼓集团的合作银行贷款支付），将下游工业企业顾客、上游供应商、第三方金融企业等多边顾客联结起来（见图 6-5）。

万达集团以"万达广场"为载体，通过万商会（万商会是万达集团成立的商家服务机构，是万达集团与国内外商家之间深度沟通的桥梁、合作的平台）、"总对总总包"战略合作协议、"总对总授信"战略合作协议等市场联结方式，将终端个体消费者、商业娱乐消费企业、地方政府、承建商、第三方酒店管理公司、银行等多个不同维度的顾客联结起来，有机地整合到万达广场中（见图 6-6）。

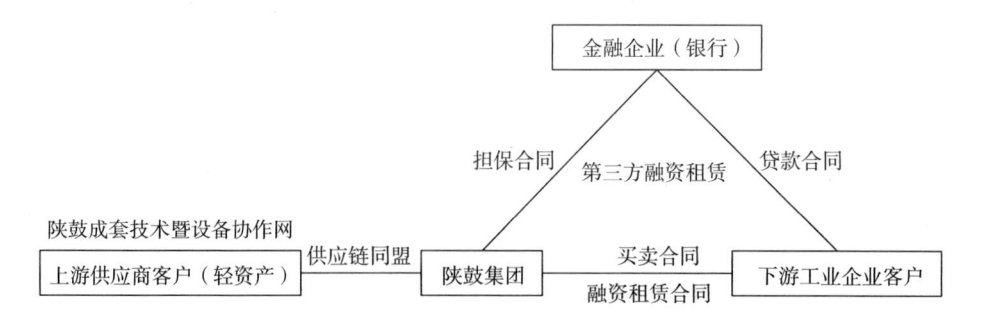

图 6-5　陕鼓集团的市场联结

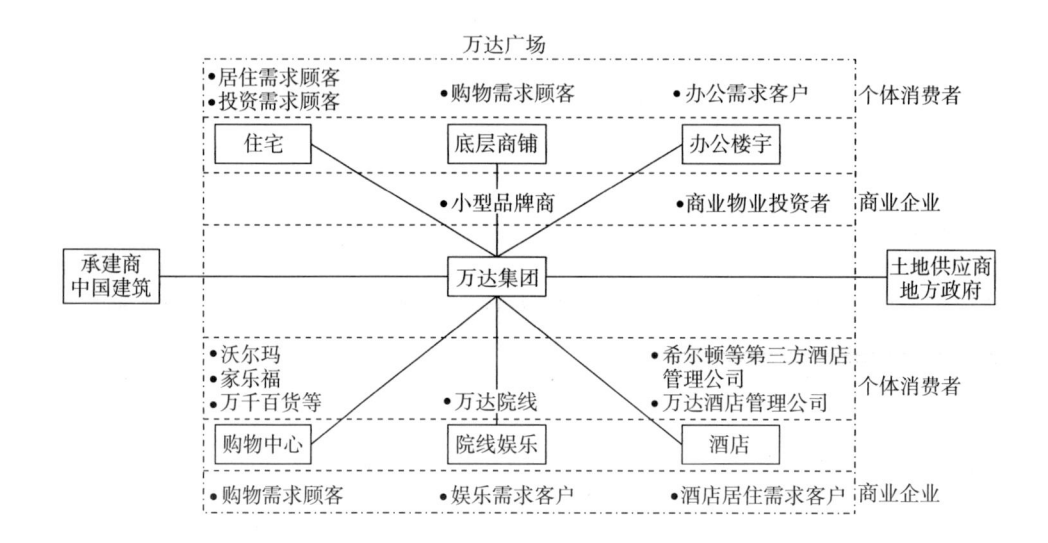

图 6-6　万达集团的市场联结

和君咨询则以管理咨询服务为载体,以咨询、资本、商学的"一体两翼"商业模式,将客户、地方政府、产业企业、投资者、合伙人、区域代理人等多个不同维度的顾客联结起来,取长补短、互助互利、结伴成长、和谐共生(见图 6-7)。

不仅如此,在市场联结下,这种复杂的多边顾客联结网络状关系并不是去中心化的,而是围绕商业模式创新企业为中心展开,并形成一个价值网络。例如,

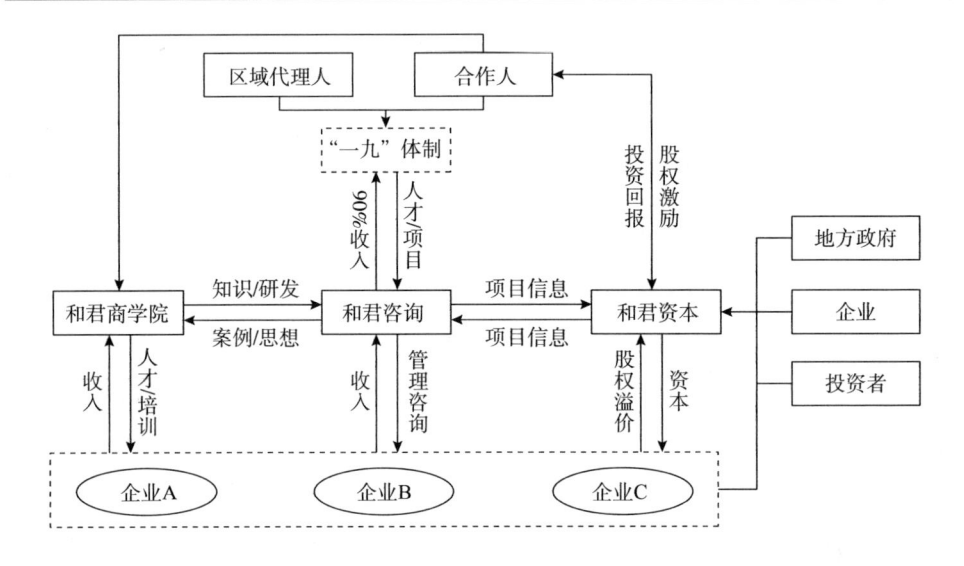

图 6-7　和君咨询的市场联结

陕鼓集团、和君咨询、万达集团均形成了以其为中心的价值网络。而商业模式创新企业作为整个网络的核心，通过客户资源控制了整个价值网络。正如印建安所说"凭借掌握的客户资源关键优势，使各方与陕鼓结成'一荣俱荣，一损俱损'的利益关系，目标利益一致使各方彼此结成稳定的合作关系，最终形成多赢的格局"。

三、顾客价值簇

"顾客价值簇"是指"企业将彼此脱节的产品/服务，联结成一个整体，将一系列顾客价值要素打包成捆提供给顾客"。在 STP 流程中，同行业原领导者通过关键顾客价值要素实现市场定位和界定顾客价值。这些企业致力于向目标顾客提供数量有限的顾客价值要素，集中于产品/服务的某一环节，满足目标顾客的最直接需求（见表6-4）。例如，沈鼓集团在市场定位上强调性价比关键顾客价值要素，万科集团在市场定位上强调差异化的管家式物业服务关键顾客价值要素，正略咨询则将专业实用作为关键顾客价值要素。

表6-4 关键顾客价值要素

案例企业	关键顾客价值要素	数量	提供物（产品/服务）	顾客价值要素（证据展示）	典型访谈数据/例证援引
沈鼓集团	最具性价比的大型透平机械	1	大型透平机械：120万吨以上的乙烯，8万吨、10万吨的空分，100万吨PTA，2000万吨炼油的大型机组，140万千瓦的核组泵，150万吨推力的大型往复机	性能，达到甚至超过国外同行的技术参数水平 价格，进口产品一半的价格	"所有流体机械的老祖宗都是一个关于流量、压力、温度的平衡公式，谁的设计能使这三个要素平衡到最佳程度，那就是最好的设计，那就是最好的"（苏永强） "沈鼓是国家砝码、顶门杠，沈鼓研制出类似产品，国外厂商报价立刻减半"（王基铭，中石油）
万科集团	物业服务	1	管家式物业服务，住宅（金色系列、城花系列、四季系列、高档系列）	居住属性（物业、价格）	万科的物业服务是有口皆碑的，也是我买万科房子的理由（沈阳万科城某业主）
正略咨询	专业实用的管理咨询	1	管理咨询服务	管理咨询的专业性、实用性	"正略咨询强调本土化、推动能力强、可实施、可操作（赵民）

与STP流程从关键顾客价值要素出发实施市场定位和界定顾客价值不同，在MCC流程中，商业模式创新企业则采用了一种"顾客价值簇"的方法界定顾客价值（见表6-5）。例如，陕鼓集团的"动力设备系统问题的全方位解决方案和系统服务"顾客价值簇，涵盖项目建设和运营的全生命周期，全方位地解决了下游工业企业在项目投资建设和运营过程中动力设备系统的设计、选型、制造、安装、调试、外围施工、设备运营、设备维修和保养等问题；万达集团的"一站式城市生活配套服务""全国性商业运营平台"顾客价值簇，涵盖了全方位的城市生活元素，为快速城市化的中国普通大众提供了典型城市化生活的标配生活元素；和君咨询的"中小企业成长全方位服务"顾客价值簇，为咨询企业顾客提供了集管理咨询、资金资本、人才培训等中小企业成长的全产业链服务。可见，商业模式创新企业通过顾客价值簇将彼此脱节、分裂的多个关键顾客价值要素集成起来，解决了顾客的整体需求。相比关键顾客价值要素，顾客价值簇不仅在顾

客价值要素数量上具有绝对优势，还具有从全产业链、全生命周期满足顾客完整性需求的特点。

表 6-5 顾客价值簇

案例企业	顾客	描述	要素数量	提供物（产品/服务）	顾客价值要素（证据展示）	典型访谈数据/例证援引
陕鼓集团	下游工业企业	动力设备系统问题的全方位解决方案和系统服务	7	成套设备服务：设备成套（系统设备提供、系统集成设计、系统安装调试）和工程承包（基础厂房建设、外围辅助设施建设）等工程成套服务	·降低设备选型、系统配套等投资风险 ·控制项目投资成本和施工进度	"用户并不关心某个零部件的好坏，而是项目整体最终的功能能否解决其存在的问题，满足其需求"（印建安，陕鼓集团董事长）
				设备全生命周期全托式服务：全天候、全生命周期运营监控、提供维修、检修、更新改造等运转维护服务	·降低运维人员高固定人力成本 ·降低停机率	"如同人身体一样，中医做的不是'头痛医头、脚痛医脚'，而是整体的健康管理体系"（印建安）
				备品备件服务：与客户合作共同建立备品备件库	·避免储存备件占用资金、场地 ·避免备件不配，缩短维修周期	
				融资服务：以 40% ~ 60% 自由资金支付首付款，其余设备款项以所购买的设备作抵押向陕鼓集团合作银行贷款支付	避免一次性资金投入，降低投资门槛	"陕鼓要做的是从出售系统向出租系统转变，降低下游企业的投资门槛"（印建安）
万达集团	个体消费者	"一站式"城市生活	5	万达广场（住宅、购物中心、办公楼宇、院线）	·居住 ·购物 ·餐饮 ·娱乐 ·办公	"吃饭去万达、购物去万达、娱乐去万达、美容去万达、居住去万达"（某消费者）

续表

案例企业	顾客	描述	要素数量	提供物（产品/服务）	顾客价值要素	典型访谈数据/例证援引（证据展示）
万达集团	商业企业	全国性商业运营平台	3	万达广场（底层商铺、非核心商铺）	盈利机会	"让商家赚钱"（万达集团董事长，王健林）
					跨区域成长空间	"万达广场开到哪里就跟到哪里" GXG品牌负责人
					公平的商业氛围	品牌落位制度（A、B、C、D四个等级，不能越位选位）
和君咨询	咨询企业顾客	中小企业成长全方位服务	4	管理咨询服务（战略管理、组织管理等全方位管理咨询服务）	端正战略选择、提升运营效率	"和君项目组系统、高效实施组织项目，使我司管理全面推上一个规范台阶"（深圳合众环境科技实业有限公司）
				资金资本服务（VC、PE等服务）	解决资金"瓶颈"	"'管理咨询+投资银行'的综合服务能力不仅解决了企业怎么办的问题，还解决了企业'用什么'来发展的问题"（许地长）
				人才培训服务（A个人能力类、R资源管理类、M市场营销类、T团队战略类）	解决人才"瓶颈"	"和君结合客户实际情况，以解决问题为导向，为客户提供定制化内训服务"（王明夫，和君咨询董事长）
				多样化收费方式	降低购买咨询服务门槛	·股权收费（即以咨询服务收入换取企业股权） ·增长分利（免费或少收即期的现金付费，而在客户实现收入、利润增长之后，就增长的部分提取一定比例的增长分成）

综上分析，本书形成了如下研究发现：

研究发现6.1：在商业模式创新营销洞察过程中，商业模式创新企业通过多边顾客、市场联结、顾客价值簇的MCC流程分析顾客价值。与之不同，在营销学营销洞察过程中，行业原领导者通过市场细分、目标市场选择、市场定位的STP流程分析顾客价值。

第三节 MCC流程的逻辑假设

STP流程背后的假设是顾客需求异质性、企业资源有限性、关键顾客价值要素假设。我们的研究表明，MCC流程作为一种与STP流程截然不同的分析流程，顾客需求互补性、资源外生假设、问题导向是该过程背后的关键逻辑假设。

一、顾客需求互补性假设

文献回顾表明，在STP流程中，面向单边顾客实施市场细分背后的假设是顾客需求的差异性。而我们的研究表明，多边顾客背后所隐含的逻辑假设则是顾客需求互补性。顾客需求互补性是指"多边顾客对商业模式创新企业提供的产品或服务的需求存在着显著的互补性特征。这种需求是一种联合需求，他们彼此之间存在着交叉互补的关系"（见表6-6）。

表6-6 顾客需求互补性

案例企业	交叉互补方向	交叉互补的价值描述	要素数量	交叉互补的顾客价值要素（证据展示）	典型访谈数据/例证援引
陕鼓集团	工业企业客户→陕鼓集团	客户资源	1	挟客户资源以控制合作伙伴	"陕鼓集团凭借掌握的客户资源优势，大大提升了自己在全球产业链中的位置及谈判能力"（印建安）
	供应商→陕鼓集团	轻资产运营	2	效率提升、放大生产能力	陕鼓成套技术暨设备协作网（陕鼓动力招股说明书）
				增强企业灵活性	"协作网打破了制造业企业'一亩地一头牛，十亩地十头牛'的刚性投资结构，增强企业抗风险能力"（印建安）

续表

案例企业	交叉互补方向	交叉互补的价值描述	要素数量	交叉互补的顾客价值要素（证据展示）	典型访谈数据/例证援引
陕鼓集团	第三方金融机构→陕鼓集团	融资租赁	1	避免市场天花板，拉长收入和利润曲线	"核心企业+客户企业+金融企业"的"三位一体"的融资租赁方式。下游工业企业客户以40%~60%自由资金支付首付款，其余设备款项以所购买的设备作抵押向陕鼓集团的合作银行贷款支付，实现"收益共享、风险共担"的三方共赢（陕鼓动力招股说明书）
	第三方金融机构→工业企业客户	合作伙伴	1	降低投资门槛	
	工业企业客户→第三方金融机构	合作伙伴	1	融资利润	
沈鼓集团	风机购买者→沈鼓集团	没有收入和利润之外的交叉反哺价值			
万达集团	个体消费者→万达集团	客户资源	1	客源	终端个体消费者为万达广场贡献了客源（王健林）
	个体消费者→商业企业	收入和利润	1	商业购物、娱乐等消费	消费者在万达广场可以实现"一站式"购物（万达济南项目负责人）
	商业企业→个体消费者	城市生活服务	1	购物、娱乐等城市生活服务	商业企业在万达广场有稳定的客流（万达济南项目负责人）
	商业企业→地方政府	税收	1	营业税、增值税	以济南首个万达广场为例，开业仅仅9个月，就为地方政府贡献税收1.8亿元（万达济南项目负责人）
	商业企业→万达集团	租金	2	租金收入	"订单地产模式，按需生产，保证出租率和资金快速回收"（万达商业地产香港上市招股说明书）
		商业氛围		帮助万达集团构建了商业氛围，增加了整体商业吸引力	"万达广场的商业氛围很好，我们不会单打独斗，诸多商家一起满铺开业，形成了良好氛围，能够有效吸引、盘活客流"（李鸣，优贝恩药妆公司总经理）
	地方政府→万达集团	低土地成本	2	土地折让的价格红利	以上海市松江万达广场为例，2012年1月成交楼板价仅为2680元/平方米，这个价格"打着灯笼也找不着"（朱虹）
		快速行政审批		"一站式"办公	以南京万达项目为例，该区成立了江东商业文化旅游中心区建设管理办公室，为万达项目协调解决80多个难题（祁世芳）

续表

案例企业	交叉互补方向	交叉互补的价值描述	要素数量	交叉互补的顾客价值要素（证据展示）	典型访谈数据/例证援引
万达集团	第三方酒店→万达集团	品牌溢价	2	借其品牌价值实现万达溢价	借助于这些世界顶尖酒店管理公司的品牌知名度，万达集团进一步提升了自身的品牌价值和资产价值（王健林）
		专业服务		专业的酒店管理服务	万豪等企业为万达提供了专业的酒店管理服务（朱虹）
	第三方酒店→地方政府	城市形象	1	提升城市形象和档次	"酒店是地方政府最喜欢的，领导觉得很体面，政绩工程"（王永平）
	承建商→万达集团	工期、质量	1	保证项目工期和进度	"使用中建做总包，虽然成本贵点，但工期和质量有保障，作为大型央企，他不会像小建筑商那样乱来"（王健林）
万科集团	购房者→万科集团	没有收入和利润之外的交叉反哺价值			
和君咨询	咨询企业→和君咨询	客户资源	1	吸引合作伙伴的议价资源	客户资源是和君咨询向产业投资者募集资金、招聘合伙人的核心议价资源（王明夫，和君咨询董事长）
	产业投资者→和君咨询	咨询服务专业能力放大	2	资金支持	"真正的管理咨询需要一个公司非常高的综合性能力。传统的管理咨询只是开了一个处方，处方能不能执行、能否见效？见效需要什么条件？对于成长性的中小企业，资本的支持是管理咨询处方落地、见效至关重要的条件"（许地长，和君咨询副总经理）
		收入和利润		基金管理费	"好的项目，我们募集资本后运作基金会产生基金管理费"（王明夫，和君咨询董事长）
	合伙人→和君咨询	咨询服务专业能力提升	1	专业能力支持	"随着企业客户越来越强调咨询服务的问题导向、可实施及个性化，传统管理咨询的流水线生产已经越来越难以满足企业需求。那些具有洞察力、能够推动咨询落地的资深合伙人就成为咨询企业最宝贵的资源。"（杨文华，和君合伙人）

· 123 ·

续表

案例企业	交叉互补方向	交叉互补的价值描述	要素数量	交叉互补的顾客价值要素（证据展示）	典型访谈数据/例证援引
和君咨询	产业投资者→咨询企业	资金支持	1	资金支持	"产业投资者提供的资金资本支持，可以解决中小企业发展的资金'瓶颈'"（许地长，和君咨询副总经理）
和君咨询	咨询企业→产业投资者	项目源	1	可靠的 VC、PE 投资企业	"和君资本已累计投资了近50家企业，已经上市5家"（叶士伟，和君资本合伙人）
正略咨询	咨询企业→正略咨询	没有收入和利润之外的交叉反哺价值			

在 STP 流程中，同行业原领导者与其顾客之间，是按照价值从企业到顾客的单一流向在价值链上传递，由于只有一个单一维度的顾客，因而同行业原领导者没有发现不同维度顾客的互补性需求。与其相反，在 MCC 流程中，商业模式创新企业则注意到了不同维度顾客群体的需求存在互补性，并引入第三方或更多维度的顾客，运用"交叉补贴"交易机制将这些不同市场主体迥异的，但互补性的需求进行连接和匹配，使它们交叉互补，从而打破了原有的从企业到顾客的线性价值结构。例如，陕鼓集团的"陕鼓成套技术暨设备协作网"和"三位一体"融资租赁方式，和君咨询"一体两翼"、万达集团城市综合体价值网络，都是利用不同维度市场主体的交叉互补性需求，构造出一个新的局部闭环价值逻辑，从而形成利润积累和利润错位。无论缺少任何一方，单一维度群体所产生的价值都不会很高，但这些不同维度的顾客群体组合在一起，就形成了彼此交叉互补的价值流动关系。在这个局部闭环的价值逻辑中，由于利润积累和利润错位的结构，每一方的利益都没有受损，而是通过交易结构的设计，在你情我愿的前提下，构建一条由全体利益相关者参加的、协同共赢和分享价值的价值网络，最终使商业模式创新企业发现了多个维度的多边顾客。

综上分析，本书形成了如下研究发现：

研究发现 6.2：商业模式创新企业假设多边顾客具有互补性需求，同行业原领导者则假设单一维度的顾客需求具有异质性。

二、资源外生假设

文献回顾表明，在市场细分和目标市场选择的背后是资源内生假设，同行业原领导者强调企业内部资源的有限性，认为企业不可能在广泛且多样的市场中与所有顾客建立联系，必须将有限的资源高效地运用到最有利可图的、具有同质化需求的顾客群体上。而我们的研究表明，市场联结的背后是"资源外生假设"，"一种跨越企业产权边界、认为企业外部资源是相对丰裕的，并将资源着眼点放在外部同行业或其他行业资源上的一种资源假设方式"（见表6-7）。资源外生假设有助于市场联结的原因如下：

表6-7 资源外生假设与资源内生假设

案例企业	资源假设	着眼点	资源边界	利用的资源	资源利用方式	典型例证/访谈数据
陕鼓集团	资源外生假设	外部资源	产权边界之外	风机制造行业上游供应商资源	陕鼓成套技术暨设备协作网	"要以谁为界，以自己为界还是以客户为界？传统都认为是要以自己为界。我们没做过的事情怎么做啊？不是看你家里有什么，而是要看你能组合什么资源。"
				金融行业资源	"三位一体"融资租赁	"核心企业+客户企业+金融企业""三位一体"，下游工业企业客户以40%~60%自由资金支付首付款，其余设备款项以所购买的设备作抵押向陕鼓集团的合作银行贷款支付
				顾客资源	战略合作协议	"客户也是一种资源，陕鼓集团凭借掌握的客户资源优势，大大提升了自己在全球产业链中的位置及谈判能力"（印建安）

续表

案例企业	资源假设	着眼点	资源边界	利用的资源	资源利用方式	典型例证/访谈数据
沈鼓集团	资源内生假设	内部资源	以企业自身为界	内部研发和生产	股东投资、异地搬迁改造资金	敢于投入和承担，科研和人才培养资金投入上不封顶（苏永强） 投资20亿元，异地搬迁，二次技术改造，建立通用机械制造"航母基地"（孙文哲）
万达集团	资源外生假设	外部资源	产权边界之外	顾客资源	无	终端个体消费者为万达广场贡献了客源（王健林）
万达集团	资源外生假设	外部资源	产权边界之外	商业企业资源	万商会	万商会包括沃尔玛、家乐福、肯德基、必胜客、百脑汇、国美电器、大歌星KTV、百盛购物广场、红星美凯龙家具广场等世界500强在内的15000家商业企业
万达集团	资源外生假设	外部资源	产权边界之外	承建商资源	总对总总包合作协议	"万达集团整合社会资源的能力特别强，值得中国建筑借鉴，我们的建筑行业资源被万达集团有效地整合了"（毛志兵，中国建筑总会计师）
万达集团	资源外生假设	外部资源	产权边界之外	第三方酒店资源	战略合作协议	希尔顿、喜来登、索菲亚、达斯汀、洲际酒店、凯越、宜必思、铂尔曼、皇冠假日等28家知名第三方酒店管理公司，由其负责管理大部分万达集团的酒店
万达集团	资源外生假设	外部资源	产权边界之外	金融行业资源	总对总授信合作协议	中国银行、工商银行、农业银行、中国进出口银行四家大型国有商业银行签订总对总授信协议
万科集团	资源内生假设	内部资源	以企业自身为界	内部品牌、客户关系管理、物业服务	万商会	推广万科品牌、组建万客会开展客户关系管理，自营物业强化物业管理服务

续表

案例企业	资源假设	着眼点	资源边界	利用的资源	资源利用方式	典型例证/访谈数据
和君资源	资源外生假设	外部资源	产权边界之外	顾客资源	无	和君服务过的2700多家中小企业是和君最宝贵的客户资源（杨文华）
				咨询行业资源	"一九"体制	咨询项目收入的10%（不含税）上交和君集团作公共费用，其余的90%（含税）由合伙人自行支配
				产业资本行业资源	产业投资基金	上海和君欣盛创业投资基金、福建物联网产业创业投资基金、云南省和源生物医药产业发展基金、天津和光基金、天津和凯基金、北京环球银证基金、北京和元基金等共约50亿元的基金规模
正略咨询	资源内生假设	内部资源	以企业自身为界	内部知识、数据库、人才	自建资源、占有资源	建立咨询知识数据库、行业信息数据库；高比例固定工资留住咨询顾问

（1）资源外生假设放大了企业的资源供给能力，有利于企业实施市场联结。在营销学资源内生假设中，同行业原领导者认为企业内部的资源是有限的，因此需要"聚焦内部资源"提供顾客价值。例如，沈鼓集团将内部资源集中于研发和生产环节，万科集团将内部资源集中在物业服务、品牌建设等环节，正略咨询则将资源聚焦在数据库建设和咨询顾问培养上。尽管作为行业领导者的资源禀赋较为优良，但任何一个企业的资源和能力相对整个行业而言都是有限的。相比单个企业有限的资源和能力，整个行业的资源则是相对丰裕的。资源外生假设通过将资源着眼点放在企业外部而非局限于企业内部，更能整合自身所处行业的存量资源，甚至跨行业整合资源。"整合资源"是资源外生假设的典型特征，"不是

看你家里有什么资源,而是看你能够组合什么样的资源(陕鼓集团,印建安)"。例如,陕鼓集团、和君咨询分别整合了自身所处的风机制造行业、管理资源行业的存量资源,万达集团甚至整合了房地产行业之外的商业企业、酒店管理公司、地方政府等诸多其他行业资源。

(2)资源外生假设转化了顾客认知视角,放大了顾客的作用,进一步放大了企业整合资源的能力。资源外生假设将其产品/服务的直接购买者视作可用来交换的"顾客资源",而不仅是单纯的"顾客"。在资源内生假设下,同行业原领导者普遍将其产品/服务的直接购买者视作单纯的顾客,是企业收入和利润的来源。而在资源外生假设下,商业模式创新企业不再把顾客看成是单一的产品接受者,而是把顾客看成能为企业创造价值的资产。例如,陕鼓集团、和君咨询、万达集团都将其产品/服务的直接购买者当作其整合资源的重要筹码。正如陕鼓集团印建安所说"陕鼓集团为什么能够整合西门子、GE这样一流的跨国企业,因为陕鼓集团的地位不一样了,我们手中有客户资源"。

综上分析,本书形成了如下研究发现:

研究发现 6.3:商业模式创新企业强调外部资源的相对丰裕性,因而实施市场联结;行业原领导者则强调内部资源的有限性,因而集中内部资源,选择特定目标市场。

三、问题导向假设

为什么商业模式创新企业通过顾客价值簇,而不是关键顾客价值要素界定顾客价值呢?我们发现,与同行业原领导者关注产品本身不同,商业模式创新企业独特的"问题导向"顾客需求理解方式是这一问题的根本原因。"问题导向"是指"一种以识别顾客遇到的问题为起点,并以提供解决顾客问题的功能为终点,从问题到功能的顾客需求认知方式"(见表6-8)。

第六章　MCC 流程

表6-8　问题导向

案例企业	需求界定	起始点	起点举例	终点举例	典型访谈观点援引	顾客价值
陕鼓集团	问题导向	问题→功能	问题1：客户在项目建设中存在的工期难以控制、设备选型匹配复杂困难	功能1：成套设备	"在工业流程建设项目中，客户企业面临设备选型、配套、土建配套施工等问题。作为设备的使用者，却要拿回家一大堆零件进行组装，不仅难度增加，整个项目的工期和投资成本都很难控制。陕鼓集团本身生产主机设备，对工程成套的技术、季度、商务关系可以统筹协调和综合管理，解决顾客对于成套设备的需求"（印建安，陕鼓集团董事长）	顾客价值簇
			问题2：客户在运营过程中，普遍存在的备品备件资金占用较多、储备不足、保管麻烦等问题	功能2：备品备件	"我们的客户都是大工业流程型生产企业，一旦某一设备出现问题就会造成系统的停机，为了避免停机，客户一般都会储备一些易损件作为备件。但这些备件占用了客户的资金，需要场地储备、需要人员保管。而一旦设备出现问题，又有可能因为型号不匹配影响维修周期。我们提供专业的备品备件服务则可以使客户避免类似问题"（牛东儒，陕鼓集团副总经理）	
			问题3：客户有庞大的专门维修队伍，平日无事、浪费资源，设备出问题又因专业知识和经验无法及时维修的问题	功能3：设备全生命周期全托式	"我们的客户都有自己的专门维修队伍，有的企业甚至上千人的规模。这些人平日无事、造成企业人力资源的浪费。一旦设备出现问题停机，这些维修人员往往由于缺乏必要的专业知识和经验，无法在第一时间维修好设备。1000家客户一家出现一个问题，表面上是1000个具有特殊性的问题，但分门别类后数量有限，陕鼓可以组建专门的维修队伍提供维修服务，发挥我们的专业效率"（牛东儒，陕鼓集团副总经理）	
			问题4：一些有潜力的客户在投资过程中因资金缺乏造成项目搁浅	功能3：融资	"我们在和一些潜在客户交流的过程中发现，一些企业尤其是民营企业，项目很好，很有潜力，企业也急于上项目，但苦于资金限制，一次性购买设备的投资额度较高，往往因为缺乏资金支持而导致项目搁浅。陕鼓集团通过将金融企业引入进来，有效地降低了这些企业的一次性投资门槛，同时我们自己也实现了从卖奶牛向卖牛奶的转变"（牛东儒，陕鼓集团副总经理）	

·129·

续表

案例企业	需求界定	起始点	起点举例	终点举例	典型访谈观点援引	顾客价值
沈鼓集团	产品	产品→产品	产品大型化、高端化	大型高端透平设备	"2000年,我们就意识到,中国的石油石化行业一定会走出当时的'小炼油'时代,国家对大型炼化设备的需求会越来越强烈。风机产品只有向大型化、高端化转型才能满足我们国家大型石油化工、煤化工等新产业的需求。因此,沈鼓提出了'占领高端制造制高点'的'超越领先'战略计划",在科研和人才投入上投入重金,不封顶(苏永强,沈鼓集团董事长)	关键顾客价值要素
万达集团	问题导向	问题→功能	问题1:中国城市居民在从城镇人到城市人转变中缺乏城市化生活载体	功能1:一站式城市化生活标配元素	"老百姓有民生问题,像兰州市这种城市化水平不断提高的二线城市,普通老百姓的休闲、购物、餐饮,包括夜市,应该有一个去处,商业业态需要升级"(袁占亭,原兰州市市长)	顾客价值簇
			问题2:地方政府棚户区改造难、新区发展没有人气	功能2:城市新中心和商圈制造者	"1998年之前大连市政府北门是中国人典型的棚户区,很乱,没有暖气,没有煤气,也没有上下水,一个院子里只有一个水龙头供水,挑大粪一臭很多天的那种。政府觉得自己的脸面上是这种棚户区很乱、很没面子。当时找了市里三家企业去谈,都因为拆迁成本高,给补贴都没人愿意干"(王健林,万达集团董事长)	
					"我们第一个在全国房地产开发中进行城市旧区改造,棚户区虽然动迁麻烦,会前成本高,不过毕竟是在市中心,房子好卖"(王健林,万达集团董事长)	
					"我们的城市发展亟须拓展空间,即跳出老城区发展新城区,但新城区普遍面临人气不足的问题,各地屡屡出现的鬼城就是地方政府最大的政绩失败,而万达的城市中心制造能解决地方政府的心病"	
			问题3:商业企业跨区域平台化发展	功能3:全国性商业运营平台	"GXG品牌作为一个新兴品牌急于拓展业务、广泛开店,但我们在下沉到二线乃至三线城市的过程中却苦于没有可靠的商业平台,开店选址面临人流、租金等多方面的挑战。而万达广场恰恰提供了这样的机会,为我们这些新兴品牌开拓市场提供了孵化器功能"(GXG品牌负责人)	

第六章　MCC流程

续表

案例企业	需求界定	起始点	起点举例	终点举例	典型访谈观点援引	顾客价值
万科集团	产品	产品→产品	住宅的居住属性	住宅的品质	"万科主要为城市普通家庭供应住房,始终致力于不断提升住宅的产品品质"(万科集团网站资料)	关键顾客价值要素
					至2011年,万科共有26个项目获得"詹天佑大奖优秀住宅小区金奖"	
和君咨询	问题导向	问题→功能	问题1：外资咨询巨头因为成本原因无暇为中小企业服务,国内企业服务又参差不齐,质量无保障	功能1：中小企业成长"端正战略选择、提升运营效率"	"中国有很多中小企业,雅和俗、荤与素、各种手段尽有,没有秩序,在市场成长极快的情况下,导致大家普遍的实用主义,注重短期利益,都很短视,在企业管理上出一个问题解决一个问题,缺乏系统思考。中小企业领导人有生意思维,很敏锐,善于抓机会,但是这种东西不长久,赌对了一把可以,再赌对一把可能还行,但第三把就不行了,需要成长系统解决方案"(王丰)	顾客价值簇
			问题2：中小企业在发展过程中存在资金"瓶颈"	功能2：VC、PE等资本服务	"马良传播作为一个创业企业,在早期急需发展资金,如果没有和君咨询的股权投资,马良传播恐怕走不到今天"(李舸,马良传播创始人)	
			问题3：快速成长的中小企业从创始人到员工都需要提升管理素养,而商学院培训却无法提供满足	功能3：人才培训	"中国大量的中小企业成长很快,非常需要人才队伍的支撑,甚至是中小企业的创业者和领导者也需要提升自己的管理素养。但现有以商学院为主的MBA培训却不能提供能够解决企业实践问题的人才"(王明夫)	
			问题4：中小企业需要咨询服务却购买不起	功能4：降低购买咨询服务门槛	"马良传播在邀请和君咨询做完战略规划项目后,觉得效果很好。又想邀请和君做组织咨询等全套管理提升项目,但却表示承担不了高昂的后期咨询费用。最后双方在股权上达成合作,和君咨询提供管理咨询,用咨询费用换取马良传播的股权,这种模式降低了马良传播购买咨询服务的门槛"(王明夫)	

131

续表

案例企业	需求界定	起始点	起点举例	终点举例	典型访谈观点援引	顾客价值
和君咨询	问题导向	问题→功能	问题5：产业资本钱多却没有好的投资项目，缺少可靠的项目来源	功能5：可靠的项目源	"在当下的中国商界，钱多人少是资本机构的通常现象，这些私募机构，没有可靠的项目源，也没有专业的研究分析能力和投后管理能力，对管理的资本风险极高。先咨询后投资较好地解决了项目源和投后管理问题"（王明夫）	顾客价值簇
			问题6：其他咨询公司有能力的合伙人业务多，但收入少	功能6：咨询事业的平台	"在上一家公司，尽管也是合伙人和副总裁，但自己不能支配咨询项目收入，项目分成比例很低。和君的'一九体制'下自己支配90%收入，且和君的品牌也比较有影响力，有利于咨询项目打单拓展业务"（杨文华，和君咨询合伙人）	
正略咨询	产品	产品→产品	产品：管理咨询服务本身	产品：管理咨询服务的专业性、实用性、低价格	"本土咨询公司和外资咨询巨头之间，未来会有一场恶战。正略咨询最重要的一点就是要专业化，只有越来越专业化，才能提高服务质量，这样咨询公司的竞争力才会越来越强。正略咨询就是要做中国管理咨询的实践派，强调专业、实用"（杨力，原正略咨询合伙人、战略咨询事业部副总经理）	关键顾客价值要素

（1）问题导向以"顾客遇到的问题"为顾客需求认知的起点，从客户遇到的问题出发，找到问题中隐含的新需求。问题导向以顾客遇到的问题为分析单位，从问题出发认知顾客需求，观察并思考顾客最终想要完成的任务是什么，以及顾客在完成任务过程中遇到的限制条件（即问题）。例如，陕鼓集团明确提出"问题就是资源"的理念是商业模式创新企业问题导向的鲜明写照。

（2）问题导向以"解决顾客问题的功能"为顾客需求认知的终点，以"顾客遇到的问题"为起点，必然会寻求"解决问题的功能"。当商业模式创新企业发现没有现成的产品/服务能够解决问题时，就不得不努力寻求提供解决顾客问题的方案，最终到达"解决顾客问题的功能"的终点。商业模式创新企业对每一个顾客问题的挖掘，最终都形成了一个新的提供物，解决目标顾客的某种功能，最终累积形成了顾客价值簇。正如印建安所言"顾客需求的不是一件风机产品，而是风机所能实现的功能"。而同行业原领导者以产品本身为顾客需求认知的起点，聚焦于产品本身，因而对顾客需求的理解也只能停留在产品本身层面。沈鼓集团、万科集团、正略咨询均没有跳出原有的需求。

（3）问题导向能够引导企业站在顾客现实情境的全过程寻找顾客面临的问题，向用户提供完整的解决问题的方案，形成顾客需求完整解决方案的顾客价值簇。商业模式创新企业普遍从全过程出发寻找客户的问题，并提供相应的顾客价值要素。例如，陕鼓集团挖掘了下游工业企业在整个投资项目过程中存在的问题，并最终提供了解决项目不同阶段的顾客价值要素。正如和君咨询合伙人王丰所言"咨询完毕看完病、开了处方后，处方能不能执行，能否见效？因此，和君还要帮助客户解决资金和人才问题，最终完成治病的全过程"。相反，同行业原领导者由于聚焦在产品本身上，因而忽略了产品在客户实际使用过程中所处的阶段和情景。例如，沈鼓集团忽略了风机设备仅仅是客户完整工业流程中的一个环节。正略咨询则没有注意到管理问题仅仅是企业成长诸多环节中的一个节点。

综上分析，本书形成了如下研究发现：

研究发现 6.4：商业模式创新企业通过问题导向的方式理解顾客需求，并向顾客提供顾客价值簇；同行业领导者秉承关键顾客价值要素假设，因而实施市场定位。

第四节　文献对话

文献对话的主要目的，是将研究发现与现有文献进行比较，以促进理论或构念的演化，提升理论的普适性，最终阐明本章的理论贡献。

一、对现有理论的延伸和突破

本书对营销学文献最核心的突破在于，我们发现了一种与营销学中 STP 流程截然不同的，商业模式创新营销洞察过程中所特有的 MCC 流程（多边顾客→市场联结→顾客价值簇），并揭示了 MCC 流程背后的逻辑假设。具体展开为以下几点：

（1）多边顾客丰富了营销学"企业与顾客"的简单线性逻辑。在营销学文献中，价值流动是按照从企业到顾客的方向流动的，企业为顾客提供价值，并通过向其产品或服务的直接购买者或使用者收费而盈利。在此过程中，企业强调顾客需求的异质性，通过市场细分的方式，将某一维度的顾客通过特定细分变量切割成若干顾客群体，以便聚集特定的细分顾客需求。然而，多边顾客的研究发现表明，尽管某一维度顾客群体内部存在着需求的差异性，但不同维度顾客群体之间还存在着需求的互补性。价值流动也因此存在着更为复杂的机制，在商业模式创新中，企业通常会面向多个维度的顾客，企业可以利用不同维度顾客需求的互补性，引入第三方交易主体，面向多个维度的顾客，通过向第三方收费或通过增值服务等获取顾客价值。这是一种截然不同于企业与顾客之间线性价值逻辑的、更为复杂的逻辑。顾客不再是单一的产品接受者，而是能为企业创造价值的资产。多边顾客把企业从纵向的、线性价值创造逻辑中解脱出来，拓宽了企业在开展市场营销活动时的横向视野。

（2）市场联结丰富了营销学"市场细分和目标市场选择"的纵向聚焦逻辑。在营销学文献中，学者们强调企业内部资源的有限性、顾客需求的异质性，因此主张通过市场细分、目标市场选择达到聚焦和资源优化利用。然而，我们的研究发现表明，在市场联结下，商业模式创新企业通过利益关系和交易结构，将两个或多个截然不同的市场参与者联结起来，组成一个商业生态系统，从而形成了一个以商业模式创新企业为核心的网络状价值创造逻辑。这是一种与市场细分截然不同的营销方法。商业模式创新企业之所以这么做，是因为它们具有一种特殊的资源外生假设，即"相比企业内部有限的资源而言，整个行业外部的资源是相对丰裕的"。商业模式创新企业因此打破现实的企业产权边界，拓宽了行业界限，将这些不同市场主体互补性的需求进行联结和匹配，使它们交叉互补。最终，不同主体之间通过交叉的价值交换而共生共存，不同要素在不同主体之间交叉流动，在资金配置、资源配置、功能配置等方面形成错位和整合，相互促进、组合互补，最终形成一个新的更高层级的闭环价值组合，在大大降低了企业经营成本的同时，极大地提高了各方的价值。

（3）顾客价值簇丰富了营销学根深蒂固的关键顾客价值要素理论假设，而问题导向顾客需求理解方式将企业的视线从顾客身上转移出来，转移到顾客所面临的问题上，因而更有利于发现独特的顾客需求。营销学文献认为企业需要在数量有限的关键顾客价值要素上建立竞争优势。然而，顾客价值簇强调顾客价值的完整性，而不是某个顾客价值要素的独特性，为市场定位和界定顾客价值提供了一种新的思路。顾客价值簇方法确保企业从顾客的"全产业链、全生命周期、全过程"视角满足顾客需求的完整性，而不仅是强调在某一个关键顾客价值要素上建立相对竞争对手的独特优势。"客户真正想要的是什么？"一直以来都是营销学所探讨的热点问题。传统营销学认为，顾客本身是顾客需求分析的重心。创新最重要的是聚焦于客户最重要的需求，否则创新商业化成功的可能性很小，但理解什么是对客户最重要的需求却并不容易（Carlson & Wilmot, 2006）。营销学者通常借用马斯洛需求层次模型、赫茨伯格双因素激励理论等模型将顾客需求分成不同的等级或类型，营销学者因此运用QFD、层次分析法、聚类分析等分析方法，找到"对客户来说是最重要的需求"（Thompson, 1998）。隐藏在顾客价值簇背后的"问题导向顾客需求理解方式"，本书所提出的"问题导向"是与上述诸多传统观点截然不同的一种思考方法。问题导向提出了新的顾客需求分析方式。在问题导向下，企业对顾客需求理解的重心并不是顾客本身，而是顾客所遇到的问题，顾客不再是顾客需求的分析单位，而"顾客遇到的问题"才是顾客需求的分析单位，最终打破了传统营销学在顾客需求分析时，将视野局限在顾客本身的桎梏。

二、与相似文献的对比

讨论与研究发现相似的文献也同样重要，这能够将通常互不相干的现象通过内在的相似性联系起来。与经典的类似文献的对比能够使得出的结论具有更强的内部效度、更广泛的普适性（Eisenhardt，1989）。本章所提出的"多边顾客""市场联结""顾客价值簇"等构念也能够获得组织学和经济学领域的一般性理论所支撑。

（1）经济学中"双边市场"理论为"多边顾客"提供了理论支撑。双边市场（Two-sided Market）理论是近年兴起的经济学理论（Rochet & Tirole，2003）。双边市场涉及两种类型截然不同的用户，每一类用户通过共有平台与另一类用户相互作用而获得价值（Wright，2004）。双边市场理论为商业模式创新企业的多边顾客联结提供了最有利的支撑。商业模式创新企业将自身界定为一个核心节点，而不是产业链上的简单一环，是整个网络状关系的中心节点和核心枢纽，通过利益关系和交易结构，将两个或多个截然不同的市场参与者联结起来，组成一个类似于双边市场的多边顾客，进而形成了一个新的商业生态系统，打破了原有的价值规律。

（2）组织边界理论为"市场联结"和"资源外生假设"提供了理论支撑。组织边界作为组织理论的核心内容之一，具有多重理论视角，学者们先后提出效率边界（Williamson，1975）、权力边界（Pfeffer & Salancik，1978）等多种不同组织边界。Ashkenas等（1995）则提出了无边界组织理论，无边界组织理论指出"传统组织的规模、专业的清晰性、分工等以往组织成功的秘诀已无法适应用户越来越快的需求，而提出了速度、灵活性、整合与创新等四个新的成功秘诀"。无边界组织理论为"市场联结"和"资源外生假设"提供了强有力的支撑。"市场联结"资源外生假设意味着商业模式创新企业能够在本行业内以及跨行业整合资源，这种跨越组织产权边界的运作，从而降低企业成本并增加组织灵活性（Dunbar & Starbuck，2006），放大了组织的资源，最终使企业提供较多顾客价值要素的顾客价值簇具备了资源基础。

（3）顾客价值簇概念暗合了经济学领域的"范围经济"理论。范围经济（Economies of Scope）是指利用单一经营单位内原有的生产或销售过程来生产或销售多于一种产品而产生的经济。或者说，当两种产品一起生产（联合生产）比单独生产便宜时，就有范围经济。与范围经济相对应的是规模经济概念，规模经济是指当生产或经销单一产品的单一经营单位因规模扩大而减少了生产或经销的单位成本而导致的经济（Chandler，1994）。顾客价值簇、关键顾客价值要素与经济学领域的范围经济和规模经济遥相呼应。顾客价值簇反映了顾客价值的横向边界，与范围经济类似，顾客价值簇通过扩大顾客价值要素的范围获得多种不同顾客价值要素之间的互补性，这些要素通过柔性互补、多利益互补、一站式互补等方式（Shankar et al.，2009）实现横向边界扩张组合，从而创造出顾客价值的范围优势。关键顾客价值要素则反映了顾客价值的纵向边界，与规模经济类似，关键顾客价值要素通过在关键要素上的聚焦和持续改进，使企业在关键顾客价值要素上实现了规模经济，最终提升关键顾客价值要素的纵向深度。

本章小结

经过对比性案例研究和扎根理论归纳式分析，汇总［研究发现6.1］~［研究发现6.4］，本书就营销洞察过程的分析流程形成"MCC流程"关键研究发现：商业模式创新企业通过MCC流程（多边顾客、市场联结、顾客价值簇）选择目标顾客和界定顾客价值。顾客需求互补性、资源外生假设、问题导向是MCC流程背后的逻辑假设。相反，同行业原领导者在顾客需求异质性、内部资源有限性、关键顾客价值要素假设下，通过STP流程（市场细分、目标市场选择、市场定位）选择目标顾客和界定顾客价值。

第七章 结论

本章主要是对前述研究发现进行总结、阐明主要创新点和相关研究发现的实践启示、本书的局限性以及未来相关的研究方向提出一些建议。

第一节 研究结论和主要创新点

本书的开篇问题是"商业模式创新中的营销洞察过程是什么样的?"汇总本书在营销洞察过程中的双元营销导向演变过程(第四章)、边缘顾客(第五章)和 MCC 流程(第六章)三个方面的研究发现,商业模式创新中营销洞察过程的一系列相关行动表现出来,并形成如图 7-1 所示的营销洞察过程模型。

本书的一个核心结论是:商业模式创新中营销洞察过程是由双元营销导向演变过程、边缘顾客、MCC 流程三个要素所构成。该发现丰富了营销学营销洞察过程相关理论。在营销洞察过程中,商业模式创新企业在企业家重视的推动下,借助于企业生存危机的调节作用,完成了从弱市场导向到驱动市场导向的跃进,通过关注边缘顾客、实施 MCC 流程分析和确定顾客价值,实现了顾客价值颠覆,完成了商业模式创新;其后商业模式创新企业在双元市场导向作用下,进一步丰富顾客价值,巩固了新商业模式。而传统营销学中营销洞察过程则由单一营销导

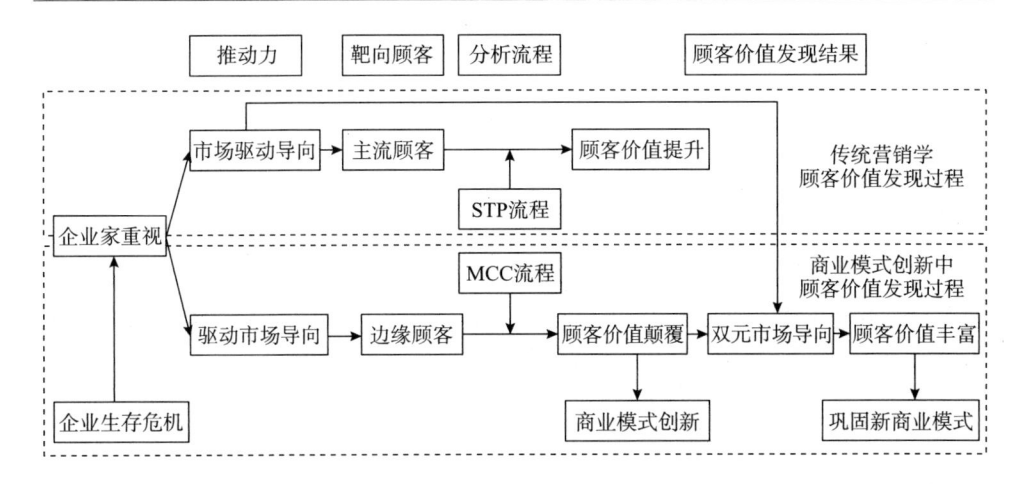

图 7-1 营销洞察过程模型

向演变过程、主流顾客、STP 流程三个要素所构成。行业原领导者因为没有现实的企业生存危机，仅在企业家重视下实现了从弱市场导向到市场驱动导向的转变，通过关注主流顾客、实施 STP 流程分析和确定顾客价值，提升了已有的顾客价值，因而未能实现商业模式创新。

上述核心研究结论又包含了以下三个重要子结论及其创新点：

子结论及创新点 1：双元营销导向演变过程是商业模式创新中营销洞察过程的主要营销导向，该发现丰富了商业模式创新理论，也丰富了营销学已有的相关研究成果。在营销洞察过程中，商业模式创新企业具有从"弱市场导向"向"驱动市场导向"演变，继而向"驱动市场型"和"市场驱动型"并存的"双元市场导向"的演变过程。而行业原领导者的营销导向经历了从弱市场导向到市场驱动导向的演变过程。驱动市场导向是商业模式创新中营销洞察过程与传统营销学中营销洞察过程的关键区别。企业家重视对企业的市场导向类型有重要影响作用，企业生存危机则是企业究竟会采用驱动市场导向还是市场驱动导向的条件。尽管都有超一流的企业家，但只有面临强烈企业生存危机的企业，才更可能采用驱动市场导向；企业生存危机越弱，越可能采用市场驱动导向。

子结论及创新点 2：边缘顾客是商业模式创新中营销洞察过程的靶向顾客。

该发现突破了常规营销学过于强调主流顾客的局限，拓宽了营销学关于营销洞察的视野。在营销洞察过程的靶向顾客上，与营销学文献强调主流顾客需求的重要性不同，本书发现，"边缘顾客"是顾客价值颠覆的源泉。商业模式创新企业面向边缘顾客获取信息，实现了顾客价值颠覆。

子结论及创新点 3：MCC 流程是商业模式创新中营销洞察过程的具体分析流程。该发现丰富了商业模式创新方法的研究成果，也拓展了营销学的 STP 流程理论。在营销洞察过程的具体分析流程上，本书发现商业模式创新过程内含有一个较之营销学 STP 不同的"MCC 流程"。与营销学强调通过市场细分、目标市场选择、市场定位的 STP 过程选择目标顾客和界定顾客价值不同，商业模式创新企业通过多边顾客、市场联结、顾客价值簇的 MCC 流程选择目标顾客和界定顾客价值，而顾客需求互补性、资源外生假设、问题导向是 MCC 流程背后的逻辑假设。

第二节　实践启示

一、双元营销导向演变过程的实践启示

（1）企业管理者需要意识到同时保持两种市场导向的必要性。市场驱动导向和驱动市场导向都有其独特的作用。同行业原领导者的单一营销导向演变过程表明，市场驱动导向只能够提升企业对已有顾客价值的认识，但却不能从更根本上重新认识顾客价值，不能引导企业突破固有的行业假设。与之相反，驱动市场导向却具备这种功能，驱动市场导向能够使企业重新认识顾客价值，完成顾客价值颠覆，但持续的顾客价值颠覆显然并不符合商业实际。只有市场驱动导向和驱动市场导向的结合，才能使企业在顾客价值的颗粒度、完整性等方面保持平衡。一个恰当的例子就是，驱动市场导向能够使企业看到一幅画（顾客价值）的全

貌，而市场驱动导向能够使企业看到一幅画的细节。而全貌和细节对于任何企业的营销洞察都是一枚完整硬币的两面。

（2）企业家、企业危机与驱动市场导向的关系，以及同行业原领导者过早地出现市场驱动导向与驱动市场导向的缺失，这几个因素表明，驱动市场导向需要企业借助于特定的企业危机才能实现。在驱动市场导向的实现上，原本处于行业领导者地位的企业实现更加困难，"成功"成了这些企业走向未来的"桎梏"。而原本处于劣势状态下的企业，却可以利用企业危机实施驱动市场导向，"失败"在这里成为走向成功的"不二法门"。这说明，商业是没有定势的，即使是处于劣势状态下的企业，也能够在驱动市场导向的牵引下，发现新的顾客价值点，通过顾客价值颠覆，突破行业主导逻辑和固有的行业边界，实现商业模式创新，最终扭转企业的竞争劣势。

二、边缘顾客的实践启示

对于今天的企业高层战略领导者来说，他们既面临为顾客提供价值、增加财务相关者利益回报的短期现实直接压力，又面临着识别市场信号、应对变革机会，并为企业变革做好准备的长期压力。边缘顾客对于这些处于两难困境中的企业高层战略领导者至少有如下启示：

（1）企业高层战略领导者需要关注现有市场中具有鲜明特征的边缘顾客。"如何满足企业的核心主流顾客"是十分重要的问题，但"还有哪些边缘顾客是我们所忽视的"才是更重要的问题。公司将受益于尽最大努力为客户服务，这已经成为常识。显然，获取和保留主流顾客对于维持公司当前的业务来说是必需的。但是作为企业高层战略领导者更需要注意的是，企业要避免"顾客牵引"和"顾客强迫"、要避免"所服务市场的专制"。高层管理者绝不能过度关注当前的主流顾客，而无法观察到边缘顾客所带来的新市场机会。简言之，企业高层战略管理者既需要对现有市场中的主流顾客进行高效反应，同时也要有效地发现、接纳现有市场中的边缘顾客，为边缘顾客代表的新市场机会做好准备。

（2）边缘顾客为弱势企业突破行业领导者提供了绝佳的机会。企业间日趋激烈的竞争和日益多样化的市场调研工具，使得企业对核心主流顾客需求的理解大多难分上下，而关注边缘顾客反而能够开辟全新的战场。边缘顾客的需求是明确的，只是其需求是非常独特的个性化需求，并且与行业默认假设相冲突、与行业领导者的资源和能力不匹配，因而才被竞争对手完全忽视或者完全无法放手。由于避开了所谓主流顾客的核心市场，从边缘顾客入手开启创新和战略转型，在相当长一段时间内不会触及市场现存对手的利益，也不会出现竞争对手有针对性的反抗。最终企业可以通过面向边缘顾客调整企业内部的资源和能力形成面向边缘顾客新兴市场的压倒性优势，最终突破行业领导者对既有核心主流顾客市场的包围。

三、MCC 流程的实践启示

商业模式创新中营销洞察过程的 MCC 流程为企业选择目标市场和界定顾客价值提供了新的思路，在传统 STP 流程之外，还存在一种特殊的 MCC 流程。

（1）多边顾客表明，在实施营销活动时，企业除了细分市场、聚焦特定顾客群体之外，还可以挖掘不同维度顾客需求的互补性，将不同维度或者是不同领域的顾客联结起来，整合外部资源，向目标顾客提供顾客价值簇，站在顾客的角度系统地为顾客考虑，向顾客提供完整的解决问题方案。

（2）市场联结和资源外生假设表明，企业的经营活动，其实就是对各种资源进行有效控制和系统配置的过程。资源配置能力的高低，决定了企业获取客户订单、满足需求、解决问题的能力。企业需要拓展对资源的认识，尽可能不被企业内部资源的有限性束缚想象的空间。企业在重塑竞争优势的过程中不是占有更多的资源，而是要具备嫁接不同群体的组装价值能力。

（3）顾客价值簇和问题导向顾客需求理解方式表明，企业在开展顾客需求分析时，要脱离产品本身的束缚，不能忽略顾客需求产生的"情景"因素，顾客真正需求的并不是企业的产品，而是能够解决顾客在特定情境中遇到问题的功能。从客户遇到麻烦入手，找到麻烦中隐藏的新需求，以用户问题为中心，而不是将目光锁定在产品本身，通过一整套解决方案消除妨碍顾客使用一项服务的限制因素，顾客价值颠覆就得以实现。

第三节 研究局限

作为一篇探索性案例研究，本书不可避免地存在一些研究局限：

（1）严谨的学术研究淡化了商业模式创新案例企业的鲜活性。由于本书采用严格的案例研究方法，受限于编码分析的严谨性，使得万达集团、和君咨询、陕鼓集团极具灵气的、鲜活的企业创新实践被异化为枯燥的理论编码，在一定程度上丧失了案例研究原本的鲜活性特质。

（2）受案例研究方法的局限，本书所得出的理论还仅仅是一种理论假设，有待于进一步通过大样本定量实证研究对这些理论假设的普适性进行进一步验证。

（3）案例研究对象本身的局限性。尽管如我们在研究设计部分所阐述的，这六家企业具有一定的典型性和代表性，其营销洞察过程也各有独特性，我们较好地实现了案例研究的逐项复制。但是，不管是陕鼓集团、和君咨询、万达集团等商业模式创新企业，还是沈鼓集团、正略咨询、万科集团等同行业原领导者，都带有比较鲜明的B2B企业（万科集团的B2B色彩较弱），而并不是更具有普遍意义的B2C企业。这就意味着，这些企业的顾客数量相对于大众消费者是相对有限的，因而，比较有利于企业发现那些本书所提出的边缘顾客这一特殊顾客群体。本书的边缘顾客结论并没有涉及B2C情境。

（4）案例研究对象范围的局限性。受案例研究对象的限制，本书并没有做传统行业和新兴行业的跨行业比较，而是局限于传统行业内部的比较。本书主要关注的是传统行业的商业模式创新企业和同行业原领导者的差异，从传统行业案例研究对象出发，分析了商业模式创新中营销洞察过程和传统营销学营销洞察过程的差异。而没有比较传统行业商业模式创新企业和新兴行业商业模式创新企业,也没有比较传统行业商业模式创新企业和新兴行业常规营销理论的创业企业。缺乏跨行业比较可能会影响本书的外部效度。

(5) 文献对话的有限性。作为一篇探索性案例研究,笔者尽最大可能在 Ebsco、Elsevier、Emerald、John Wiley、CNKI、维普等国内外数据库中搜索相关领域的研究文献,但面对前人构建的浩瀚数据库和海量知识,受笔者个人能力和精力有限的制约,本书很可能在文献回顾、文献对话过程中遗漏某些至关重要的文献。这些可能的至关重要的文献,在一定程度上存在使本书失去理论创新意义的可能性。

第四节 未来展望

鉴于本书所存在的局限,笔者认为,可以从以下三个方面进一步探讨:

(1) 运用大样本的定量实证研究进一步验证本书所提出的理论假设。未来的大样本定量实证研究需要首先将本书所提出的构念转化成可测量的概念,在界定模型中各研究变量的操作性定义的基础上,形成初始问卷。其次,通过对初始问卷的小样本抽样,进行预调研,通过 SPSS 和 LISREL 完成量表的信度效度检验,进一步修正形成正式调研问卷。最后,进行大样本调研,囿于样本量的限制,可以采用 Smart-PLS 进行数据分析与结构方程模型检验,验证本书提出的理论命题。

(2) 探讨 B2C 情境下本书所提出的研究发现和命题假设,尤其是在 B2C 情境下,在顾客数量较多的情况下,如何发现边缘顾客以及处理边缘顾客信号,仍然是未来有待探讨的问题。未来研究需要结合大数据分析等定量数据统计分析方法,探索边缘顾客的识别机制和方法。

(3) 按照 Kotler (2003) 的观点,市场导向是营销洞察过程的唯一营销导向。但是是否还有其他前置营销导向,本书研究过程中没有发现,还需要同人共同探索。未来的研究可以进一步深入探讨商业模式创新中的营销洞察驱动因素有哪些，以及这些因素是如何驱动/阻碍营销洞察的。

最后需要说明的是，本书并不是要否定传统营销学中营销洞察过程相关理论，而是力图丰富和充实营销学相关理论。实施市场驱动导向、紧盯主流顾客，通过精准的市场细分和关键顾客价值要素分析，有效地提升已有的顾客价值，这点永远很重要。传统营销学中的营销洞察过程永远有其作用，这种过程是现实商业生活和企业营销实践的一个事实存在。但是，在越来越多的传统产业中，传统营销学营销洞察过程导致的顾客价值同质化现象日益严重，已不足以帮助企业维持上乘的绩效表现。企业迫切需要寻找新的顾客价值创新路径，而商业模式创新中营销洞察过程恰恰为我们提供了一个可行的路径，为企业分析顾客价值乃至实施战略变革提供了一种新的思路。

参考文献

[1] 毕琳, 张逸昕. 运用顾客金字塔模型有效管理顾客 [J]. 商业研究, 2005 (5): 141-144.

[2] [美] 布鲁姆. 认清谁是你真正的顾客 [J]. IT时代周刊, 2013 (18): 72-73.

[3] 陈波. 逻辑学导论 [M]. 北京: 中国人民大学出版社, 2006.

[4] 陈晓萍, 徐淑英, 樊景立. 组织与管理研究的实证方法 [M]. 北京: 北京大学出版社, 2008.

[5] 成海清. 顾客价值驱动要素剖析 [J]. 软科学, 2007, 21 (2): 48-51.

[6] 邓晓刚等. 面向新产品开发市场定位的一种聚类算法 [J]. 计算机应用研究, 2008, 25 (12): 3596-3598.

[7] 杜楠, 张闯. 战略联盟对企业成长的影响——以万达订单商业地产为案例 [J]. 经济管理, 2010, 32 (5): 126-136.

[8] 韩选利. 关键顾客价值挖掘的实证分析 [J]. 中外企业家, 2004, 27 (2): 58-61.

[9] 贺艳春. 市场导向、期望认知偏差、顾客满意与顾客忠诚之间关系研究——湖南省县级医院环境下的实证分析 [D]. 上海: 复旦大学博士学位论文, 2005.

[10] 胡挺. 价值网络视角的房地产业转型与创新——以万达商业模式演进为例 [J]. 产经评论, 2013 (6): 38-46.

[11] 李正卫. 突破性创新的信息搜寻研究: 基于信息源特征和组织重构视角 [J]. 科学管理研究, 2010, 28 (2): 11-14.

[12] 林嵩. 创业机会识别的过程解构与机制探讨 [J]. 技术与创新管理, 2010 (5): 306-308.

[13] 林媛媛. 市场导向与企业高层管理人员之间的灰色关联度分析 [J]. 管理科学, 2003, 16 (3): 61-65.

[14] 刘健. 沈阳鼓风机 (集团) 有限公司发展战略研究 [D]. 沈阳: 东北大学硕士学位论文, 2008.

[15] 刘石兰. 市场导向、学习导向对组织绩效作用的影响——以产品创新为中介变量 [J]. 科学学研究, 2007, 25 (2): 301-305.

[16] 陆雄文, 朱宏杰. 部门协同及其共变量对企业业绩和预期行业的影响 [J]. 管理评论, 2005, 17 (10): 40-45.

[17] 马明. 万科企业股份有限公司发展战略研究 [D]. 兰州: 兰州大学硕士学位论文, 2012.

[18] 马勇. 市场导向、营销创新与组织绩效关系研究——市场驱动还是驱动市场 [D]. 上海: 复旦大学博士学位论文, 2008.

[19] 孙林岩, 杨才君, 高杰. 服务型制造转型——陕鼓的案例研究 [J]. 管理案例研究与评论, 2011, 4 (4): 257-264.

[20] 王雪冬, 董大海. 国外典型商业模式表达模型评介与整合表达模型构建 [J]. 外国经济与管理, 2013a, 15 (4): 55-60.

[21] 王雪冬, 董大海. 商业模式创新概念研究述评与展望 [J]. 外国经济与管理, 2013b, 15 (11): 29-36.

[22] 王雪冬, 董大海. 商业模式的学科属性和定位问题探讨与未来研究展望 [J]. 外国经济与管理, 2012, 34 (3): 2-9.

[23] 武亚军. "战略框架式思考"、"悖论整合" 与企业竞争优势——任正

非的认知模式分析及管理启示 [J]. 管理世界, 2013, 28 (4): 150 - 165.

[24] 杨才君, 高杰, 孙林岩. 产品服务系统的分类及演化——陕鼓的案例研究 [J]. 中国科技论坛, 2011 (2): 59 - 65.

[25] 于洪彦, 银成钺. 市场导向、创新与企业表现的关系——基于中国服务业的实证研究 [J]. 南开管理评论, 2006, 9 (3): 10 - 15.

[26] 张焕勇. 企业家能力与企业成长关系研究 [D]. 上海: 复旦大学博士学位论文, 2007.

[27] 张魁等. 顾客潜在需求心理隐喻引出技术研究 [J]. 市场研究, 2006 (4): 41 - 43.

[28] 周庆竑. 万科集团发展战略研究 [D]. 北京: 北京交通大学硕士学位论文, 2010.

[29] 诸雪峰, 贺远琼, 田志龙. 制造企业向服务商转型的服务延伸过程与核心能力构建——基于陕鼓的案例研究[J]. 管理学报, 2011, 8 (3): 356 - 364.

[30] Afuah A., Tucci C. L.. Internet Business Models and Strategies: Text and Cases [M]. New York: McGraw-Hill, 2001.

[31] Ansoff H. I.. Managing Strategic Surprise by Response to Weak Signals [J]. California Management Review, 1975, 18 (2): 21 - 33.

[32] Anton J.. The Past, Present and Future of Customer Access Centers [J]. International Journal of Service Industry Management, 2000, 11 (2): 120 - 130.

[33] Argyris C., Schön D. A.. Organizational Learning: A Theory of Action Perspective [M]. Addison-Wesley, 1978.

[34] Ashkenas R., et al.. The Boundaryless Organization: Breaking the Chains of Organizational Structure [M]. San Francisco: Jossey - Bass, 1995.

[35] Aspara J.. Business Model Innovation vs Replication: Financial Performance Implications of Strategic Emphases [J]. Journal of Strategic Marketing, 2010, 18 (1): 39 - 56.

[36] Atuahene-Gima K., Slater S. F., Olson E. M.. The Contingent Value of

Responsive and Proactive Market Orientations for New Product Program Performance [J]. Journal of Product Innovation Management, 2005, 22 (6): 464 - 482.

[37] Babbie E.. The Practice of Social Research (13th ed.) [M]. Wadsworth Publishing Co. Inc., 2013.

[38] Baker W. E., Sinkula J. M.. Market Orientation and the New Product Paradox [J]. Journal of Product and Innovation Management, 2005, 22 (6): 483 - 502.

[39] Bakken D. G.. The Quest for Emerging Customer Needs [J]. Marketing Research, 2001, 13 (4): 30 - 34.

[40] Barnes S., Bauer H. H., Neumann M. N., Huber F.. Segmenting Cyberspace: A Customer Typology for the Internet [J]. European Journal of Marketing, 2007, 41 (1 - 2): 71 - 93.

[41] Beer S.. The Heart of Enterprise [M]. Chichester : John Wiley, 1979.

[42] Bennett R. C., Cooper R. G.. The Misuse of Marketing: An American Tragedy [J]. Business Horizons, 1981, 24 (6): 51 - 61.

[43] Berthon P., Hulbert J. M., Pitt L. F.. To Serve or to Create? Strategic Orientations Towards Customers and Innovation [J]. California Management Review, 1999, 42 (1): 37 - 58.

[44] Beverland M. B., Ewing, Matanda M. J.. Driving-market or Market-driven? A Case Study Analysis of the New Product Development Practices of Chinese Business-to-business Firms [J]. Industrial Marketing Management, 2006, 35 (3): 383 - 393.

[45] Bjorkdahl J.. Technology Cross-fertilization and the Business Model: The Case of Integrating ICTs in Mechanical Engineering Products [J]. Research Policy, 2009, 38 (9): 1468 - 1477.

[46] Bock A., Gerard G.. Business Model Innovation and Strategic Flexibility: A Study of the Effects of Informal and Formal Organization [C]. Sumantra Ghoshal Conference for Managerially Relevant Research, London, 2010.

[47] Bodlaj M., Coenders G., Zabkar V.. Responsive and Proactive Market Orientation and Innovation Success under Market and Technological Turbulence [J]. Journal of Business Economics and Management, 2012, 13 (4): 666 – 687.

[48] Bodlaj M.. Market Orientation and Degree of Novelty [J]. Managing Global Transitions International Research Journal, 2011, 9 (1): 63 – 79.

[49] Bogers M., Afuah A., Bastian B.. Users as Innovators: A Review, Critique, and Future Research Directions [J]. Journal of Management, 2010, 36 (4): 857 – 875.

[50] Carayannis E. G., Provance M.. Managing Firm Innovativeness: Towards a Composite Index Built on Firm Innovative Posture, Propensity and Performance Attributes [J]. International Journal of Innovation and Regional Development, 2008, 1 (1): 90 – 107.

[51] Carlson C. R., Wilmot W. W.. Innovation: The Five Disciplines for Creating What Customers Want [M]. Crown Publishing Group, 2006.

[52] Carpenter G., Glazer R., Nakamoto K.. Market Driving Strategies: Towards a New Theory Competitive Advantages (2nd ed.) [M]. Chicago: Addison Wesley, 2000.

[53] Carrillat F. A., Jaramillo F., Locander W. B.. Market-driving Organizations: A Framework [J]. Academy of Marketing Science Review, 2004, 5 (2): 1 – 14.

[54] Casadesus-Masanell R., Ricart J. E.. From Strategy to Business Models and to Tactics [J]. Long Range Planning, 2010, 43 (2 – 3): 195 – 215.

[55] Chandler A. D.. Scale and Scope: The Dynamics of Industrial Capitalism [M]. Boston: The Belknap Press, 1994.

[56] Chandy R. K., Tellis G. J.. The Incumbent's Curse? Incumbency, Size, and Radical Innovation [J]. Journal of Marketing, 2000, 64 (3): 1 – 17.

[57] Chang Tung-Zong, Chen Su-Jane. Market Orientation, Service Quality and

Business Profitability: A Conceptual Model and Empirical Evidence [J]. Journal of Services Marketing, 1998, 12 (4): 246 - 264.

[58] Chen M. J.. Transcending Paradox: The Chinese "Middle Way" Perspective [J]. Asia Pacific Journal of Management, 2002, 19 (2 - 3): 179 - 199.

[59] Chesbrough H. W., Rosenbloom R. S.. The Role of the Business Model in Capturing Value from Innovation: Evidence from Xerox Corporation's Technology Spin-off Companies [J]. Industrial and Corporate Change, 2002, 11 (3): 533 - 534.

[60] Chesbrough H. W.. Business Model Innovation: Opportunities and Barriers [J]. Long Range Planning, 2010, 43 (2 - 3): 354 - 363.

[61] Christensen C. M.. The Innovator's Dilemma: When New Technologies Cause Great Firms to Fail [M]. Boston : Harvard Business School Press, 1997.

[62] Collins J. C., Porras J. I.. Built to Last: Successful Habits of Visionary Companies [M]. Random House Business Books, 2005.

[63] Coombes P. H., Nicholson J. D.. Business Models and Their Relationship with Marketing: A Systematic Literature Review [J]. Industrial Marketing Management, 2013, 42 (5): 656 - 664.

[64] Danneels E.. Tight-loose Coupling with Customers: The Enactment of Customer Orientation [J]. Strategic Management Journal, 2003, 24 (6): 559 - 576.

[65] Day G. S., Schoemaker P. J. H.. Scanning the Periphery [J]. Harvard Business Review, 2005, 83 (11): 135 - 148.

[66] Day G. S.. The Capabilities of Market-driven Organizations [J]. Journal of Marketing, 1994, 58 (4): 37 - 52.

[67] Day G. S.. The Market-driven Organization: Understanding, Attracting and Keeping Valuable Customers [M]. New York: The Free Press, 1999.

[68] Demil B., Lecocq X.. Business Model Evolution: In Search of Dynamic Consistency [J]. Long Range Planning, 2010, 43 (2 - 3): 227 - 246.

[69] Dibb S., Simkin L.. Bridging the Segmentation Theory-practice Divide

[J]. Journal of Marketing Management, 2009, 25 (3): 219 - 225.

[70] Dickson P. R.. Person-situation: Segmentation's Missing Link [J]. Journal of Marketing, 1982, 46 (4): 56 - 64.

[71] Donath R.. Taming E-business Models [J]. ISBM Business Marketing Web Consortium, 1999, 3 (1): 1 - 24.

[72] Drucker P. F.. The Practice of Management [M]. New York: Harper & Row Publishers, 1954.

[73] Dubosson-Torbay M., Osterwalder A., Pigneur Y.. E-business Model Design, Classification, and Measurements [J]. Thunderbird International Business Review, 2002, 44 (1): 5 - 23.

[74] Dunbar R. L. M., Starbuck W. H.. Learning to Design Organizations and Learning from Designing Them [J]. Organization Science, 2006, 17 (2): 171 - 178.

[75] Duncan R. B.. The Ambidextrous Organization: Designing Dual Structures for Innovation [A]. Kilmann R. H., Pondy L. R., Slevin D. (Eds.), The Management of Organizations [C]. New York: North-Holland, 1976.

[76] Ehret M., Wirtz J.. Division of Labor Between Firms: Business Services, Non Ownership-value and the Rise of the Service Economy [J]. Service Science, 2011, 2 (3): 136 - 145.

[77] Eisenhardt K. M., Graebner M. E.. Theory Building from Cases: Opportunities and Challenges [J]. Academy of Management Journal, 2007, 50 (1): 25 - 32.

[78] Eisenhardt K. M.. Better Stories and Better Constructs: The Case for Rigor and Comparative Logic [J]. Academy of Management Review, 1991, 16 (3): 620 - 627.

[79] Eisenhardt K. M.. Building Theories from Case Study Research [J]. The Academy of Management Review, 1989, 14 (4): 532 - 550.

[80] Felin T. , Foss N. J. . Organizational Routines and Capabilities: Historical Drift and a Course-correction Toward Micro Foundations [J]. Scandinavian Journal of Management, 2009, 25 (2): 157-167.

[81] Felton A. P. . Making the Marketing Concept Work [J]. Harvard Business Review, 1959, 37 (4): 55-65.

[82] Franke N. , Von Hippel E. . Satisfying Heterogeneous User Needs via Innovation Toolkits: The Case of Apache Security Software [J]. Research Policy, 2003, 32 (7): 1199-1215.

[83] Freytag P. V. , Clarke A. H. . Business to Business Market Segmentation [J]. Industrial Marketing Management, 2001, 30 (6): 473-486.

[84] Gale B. T. . Managing Customer Value [M]. New York: Free Press, 1994.

[85] Gatignon H. , Xuereb J. . Strategic Orientation of the Firm and New Product Performance [J]. Journal of Marketing Research, 1997, 34 (1): 77-90.

[86] Govindarajan V. , et al. . The Effects of Mainstream and Emerging Customer Orientations on Radical and Disruptive Innovations [J]. Journal of Product Innovation Management, 2011, 28 (S1): 121-132.

[87] Habtay S. R. . A Firm-Level Analysis on the Relative Difference Between Technology-driven and Market-driven Disruptive Business [J]. Creativity and Innovation Management, 2012, 21 (3): 290-303.

[88] Hamel G. , Prahalad C. K. . Competing for the Future [M]. Boston: Harvard Business School Press, 1994.

[89] Hamel G. , Prahalad C. K. . Corporate Imagination and Expeditionary Marketing [J]. Harvard Business Review, 1991, 69 (4): 81-92.

[90] Hamel G. . Leading the Revolution [M]. Boston: Harvard Business School Press, 2000.

[91] Hamel G. . Strategy as Revolution [J]. Harvard Business Review, 1996, 74 (7): 69-82.

[92] Handerson R. M., Clark K. B.. Architectural Innovation: The Reconfiguration of Existing Product Technologies and the Failure of Established Firms [J]. Administrative Science Quarterly, 1990, 35 (1): 9 - 30.

[93] Hedman J., Kalling T.. The Business Model Concept: Theoretical Underpinnings and Empirical Illustrations [J]. European Journal of Information Systems, 2003, 12 (1): 49 - 59.

[94] Hills G., Lumpkin G. T., Singh R. P.. Opportunity Recognition: Perceptions and Behaviors of Entrepreneurs, Frontiers of Entrepreneurship Research [D]. Wellesley: Bason College, 1997.

[95] Ilmola L., Kuusi O.. Filters of Weak Signals Hinder Foresight: Monitoring Weak Signals Efficiently in Corporate Decision-making [J]. Futures, 2006, 38 (3): 908 - 924.

[96] Jaworski B. J., Kohli A. K., Sahay A.. Market-driven Versus Driving Markets [J]. Journal of the Academy of Marketing Science, 2000, 28 (4): 45 - 54.

[97] Jaworski B. J., Kohli A. K.. Market Orientation: Antecedents and Consequences [J]. Journal of Marketing, 1993, 57 (3): 53 - 70.

[98] Jaworski B. J., Kohli A. K.. Market Orientation: Review, Refinement, and Roadmap [J]. Journal of Market-Focused Management, 1996 (1): 119 - 135.

[99] Jick T. D.. Mixing Qualitative and Quantitative Methods: Triangulation in Action [J]. Administrative Science Quarterly, 1979, 24 (4): 602 - 611.

[100] Johnson J. J., Lee R., Grohmann B.. Market-Focused Strategic Flexibility: Conceptual Advances and Integrative Model [J]. Academy of Marketing Science, 2003, 31 (1): 74 - 89.

[101] Johnson M. W., Christensen C. M., Kagermann H.. Reinventing Your Business Model [J]. Harvard Business Review, 2008, 86 (12): 50 - 59.

[102] Kennedy K. N., Goolsby J. R., Arnould E. J.. Implementing a Customer Orientation: Extension of Theory and Application [J]. Journal of Marketing, 2003, 67

(10): 67-81.

[103] Kim W. C., Mauborgne R.. Blue Ocean Strategy [J]. Harvard Business Review, 2004, 82 (10): 76-84.

[104] Kohli A. K., Jaworski B. J.. Market Orientation: The Construct, Research Propositions, and Managerial Implications [J]. Journal of Marketing, 1990, 54 (2): 1-18.

[105] Kotler P.. Marketing Management (11th ed.) [M]. Upper Saddle River: Prentice Hall, 2003.

[106] Kuada J., Buatsi S. N.. Market Orientation and Management Practices in Ghanaian Firms: Revisiting the Jaworski and Kohli Framework [J]. Journal of International Marketing, 2005, 13 (1): 58-88.

[107] Kumar N., Scheer L., Kotler P.. From Market Driven to Market Driving [J]. European Management Journal, 2000, 18 (2): 129-142.

[108] Lamore P. R., Berkowitz D., Farrington P. A.. Proactive/Responsive Market Orientation and Marketing—Research and Development Integration [J]. Journal of Product Innovation Management, 2013, 30 (4): 695-711.

[109] Leonard D., Rayport J. F.. Spark Innovation Through Empathic Design [J]. Harvard Business Review, 1997, 75 (6): 102-113.

[110] Leonard-Barton D.. A Dual Methodology for Case Studies: Synergistic Use of a Longitudinal Single Site with Replicated Multiple Sites [J]. Organization Science, 1990, 1 (3): 248-266.

[111] Levinthal D. A., March J. G.. The Myopia of Learning [J]. Strategic Management Journal, 1993, 14 (2): 95-112.

[112] Li P. P. (李平). Toward Research-Practice Balancing in Management: The Yin-Yang Method for Open-Ended and Open-Minded Research [M]. Research Methodology in Strategy and Management (Vol. 8, West Meets East: Building Theoretical Bridges). C. L. Wang, D. J. Ketchen & D. D. Bergh (Eds.), Emerald,

2012.

[113] Linder J. , Cantrell S. . Changing Business Models: Surveying the Landscape [J]. Business, 2000, 34 (2): 1 – 15.

[114] Lumpkin G. T. , Hills G. E. , Shrader R. C. . Entrepreneurial Opportunity Recognition [A]. In H. Welsch (Eds.), Entrepreneurship: The Way Ahead [C]. London: Routledge, 2004.

[115] Macdonald S. . Too Close for Comfort: The Strategic Implications of Getting Close to the Customer [J]. California Management Review, 1995, 37 (4): 8 – 27.

[116] MacKenzie S. B. , Podsakoff P. M. , Rich G. A. . Transformational and Transactional Leadership and Salesperson Performance [J]. Journal of the Academy of Marketing Science, 2001, 29 (2): 115 – 134.

[117] Magretta J. . Why Business Models Matter [J]. Harvard Business Review, 2002, 80 (5): 3 – 8.

[118] March J. G. . Exploration and Exploitation in Organizational Learning [J]. Organization Science, 1991, 2 (1): 71 – 87.

[119] Markides C. , Sosa L. . Pioneering and First Mover Advantages: The Importance of Business Models [J]. Long Range Planning, 2013, 46 (4 – 5): 325 – 334.

[120] Martín-Consuegra D. , Molina A. , Esteban Á. Market Driving in Retail Banking [J]. International Journal of Bank Marketing, 2008, 26 (4): 260 – 274.

[121] McGahan A. M. , Argyres N. , Baum J. C. . Context, Technology and Strategy: Forging New Perspectives on the Industry Life Cycle [J]. Advances in Strategic Management, 2004, 21 (1): 1 – 21.

[122] Mendonca L. , Sneader K. . Coaching Innovation: An Interview with Intuit's Bill Campbell [J]. McKinsey Quarterly, 2007 (1): 66 – 75.

[123] Menguc B. , Auh S. . Conflict, Leadership, and Market Orientation [J]. International Journal of Research in Marketing, 2008, 25 (1): 34 – 45.

[124] Mohr J. J. , Sarin S. . Drucker's Insights on Market Orientation and Innovation: Implications for Emerging Areas in High-technology Marketing [J]. Journal of the Academy of Marketing Science, 2009, 37 (1): 85 – 96.

[125] Morrison P. D. , Roberts J. H. , Midgley D. F. . The Nature of Lead Users and Measurement of Leading Edge Status [J]. Research Policy, 2004, 33 (2): 351 – 362.

[126] Narver J. C. , Slater S. F. , MacLachlan D. L. . Responsive and Proactive Market Orientation and New-product Success [J]. Journal of Product Innovation Management, 2004, 21 (5): 334 – 347.

[127] Narver J. C. , Slater S. F. . The Effect of a Market Orientation on Business Portability [J]. Journal of Marketing, 1990, 54 (4): 20 – 35.

[128] Nijssen E. J. , Frambach R. T. . Creating Customer Value Through Strategic Marketing Planning: A Management Approach [M]. Springer, 2000.

[129] Nisbett R. E. . The Geography of Thought: How Asians and Westerners Think Differently and Why [M]. New York: Free Press, 2003.

[130] Osterwalder A. , Pigneur Y. , Tucci C. . Clarifying Business Models: Origins, Present and Future of the Concept [J]. Business, 2005, 15 (5): 1 – 25.

[131] Paap J. , Katz R. . Anticipating Disruptive Innovation [J]. Research Technology Management, 2004, 47 (5): 13 – 22.

[132] Pfeffer J. , Salancik C. R. . The External Control of Organizations: A Resource Dependence Perspective [M]. New York: Harper & Row, 1978.

[133] Prabhu J. , Chandy R. K. , Ellis M. E. . The Impact of Acquisitions on Innovation: Poison Pill, Placebo, or Tonic? [J]. Journal of Marketing, 2005, 69 (1): 114 – 130.

[134] Prahalad C. K. , Bettis R. . The Dominant Logic: Retrospective and Extension [J]. Strategic Management Journal, 1995, 16 (1): 5 – 14.

[135] Pulendran S. , Speed R. , Widing II. R. E. . The Antecedents and Conse-

quences of Market Orientation in Australia [J]. Australian Journal of Management, 2000, 25 (2): 119 – 144.

[136] Porter M. E.. Competitive Strategy [M]. New York: Free Press, 1980.

[137] Quinn L.. Market Segmentation in Managerial Practice: A Qualitative Examination [J]. Journal of Marketing Management, 2009, 25 (3 – 4): 253 – 272.

[138] Rochet J., Tirole J.. Platform Competition in Two-sided Markets [J]. Journal of the European Economic Association, 2003, 1 (4): 990 – 1029.

[139] Rossel P.. Early Detection, Warnings, Weak Signals and Seeds of Change: A Turbulent Domain of Futures Studies [J]. Futures, 2012, 44 (3): 229 – 239.

[140] Santos F., Eisenhardt K. M.. Constructing Markets and Shaping Boundaries: Entrepreneurial Power in Nascent Fields [J]. Academy of Management Journal, 2009, 52 (4): 643 – 671.

[141] Schindehutte M., Morris M. H., Kocak A.. Understanding Market-driving Behavior: The Role of Entrepreneurship [J]. Journal of Small Business Management, 2008, 46 (1): 4 – 26.

[142] Schlegelmilch B. B., Diamantopoulos A., Kreuz P.. Strategic Innovation: The Construct, Its Drivers and Its Strategic Outcomes [J]. Journal of Strategic Marketing, 2003, 11 (2): 117 – 132.

[143] Schoemaker P. J. H., Day G. S., Snyder S. A.. Integrating Organizational Networks, Weak Signals, Strategic Radars and Scenario Planning [J]. Technological Forecasting & Social Change, 2013, 80 (4): 815 – 824.

[144] Schumpeter J.. The Theory of Economic Development: An Inquiry into Profits, Capital, Credit, Interest, and the Business Cycle [M]. Boston: Harvard University Press, 1934, Reprint 1996.

[145] Shafer S. M., et al.. The Power of Business Models [J]. Business Horizons, 2005, 48 (3): 199 – 207.

[146] Shane S. , Venkataraman S. . The Promise of Entrepreneurship as a Field of Research [J]. Academy of Management Review, 2000, 25 (1): 217 – 226.

[147] Shankar V. , Berry L. L. , Dotzel T. . A Practical Guide to Combining Products and Services [J]. Harvard Business Review, 2009, 87 (11): 94 – 99.

[148] Shien-Ping Huang. Performance Analyses of Traditional Industries in Taiwan with Data Envelopment Analysis [J]. The International Journal of Organizational Innovation, 2012, 4 (3): 174 – 187.

[149] Sitkin S. B. . Learning Through Failure: The Strategy of Small Losses [J]. Research in Organizational Behavior, 1992 (14): 231 – 266.

[150] Slater S. F. , Narver J. C. . Market Orientation and the Learning Organization [J]. Journal of Marketing, 1995, 59 (3): 63 – 74.

[151] Slater S. F. , Narver J. C. . Research Notes and Communications: Market-oriented is More Than Being Customer – led: Let's Not Confuse the Two [J]. Strategic Management Journal, 1998, 19 (10): 1001 – 1006.

[152] Smith W. R. . Product Differentiation and Market Segmentation as Alternative Marketing Strategies [J]. Journal of Marketing, 1956, 21 (7): 3 – 8.

[153] Sosna M. , Trevinyo-Rodríguez R. N. , Velamuri S. R. . Business Models Innovation Through Trial-and-error Learning: The Naturhouse Case [J]. Long Range Planning, 2010, 43 (2 – 3): 383 – 407.

[154] Strauss A. , Corbin J. M. . Basics of Qualitative Research: Grounded Theory Procedures and Techniques [M]. CA: SAGE Publications, 1990.

[155] Tapp A. , Clowes J. . From "Carefree Casuals" to "Professional Wanderers": Segmentation Possibilities for Football Supporters [J]. European Journal of Marketing, 2002, 36 (11 – 12): 1248 – 1269.

[156] Teece D. J. . Business Models, Business Strategy and Innovation [J]. Long Range Planning, 2010, 43 (1): 172 – 194.

[157] Thompson H. . What Do Your Customer Really Want? [J]. Journal of Bus-

iness Strategy, 1998, 19 (4): 17-21.

[158] Tidd J., Bessant J.. Managing Innovation: Integrating Technological, Market and Organizational Change [M]. Chichester: John Wiley & Sons Ltd., 2009.

[159] Trout J., Ries A.. Positioning: The Battle for Your Mind [M]. McGraw-Hill, 2000.

[160] Tse E..（谢德荪）. 源创新：转型期的中国企业创新之道 [M]. 北京：五洲传播出版社，2012.

[161] Tuli K. R., Kohli A. K., Bharadwaj S. G.. Rethinking Customer Solutions: From Product Bundles to Relational Processes [J]. Journal of Marketing, 2007, 71 (3): 1-17.

[162] Tushman M. L., O'Reilly C. A.. Ambidextrous Organizations [J]. California Management Review, 1996, 38 (4): 8-30.

[163] Urban G. L., Hauser J. R.. Listening in to Find and Explore New Combinations of Customer Needs [J]. Journal of Marketing, 2004, 68 (2): 72-87.

[164] Van Der Vorst J. G. A. J., et al.. E-business Initiatives in Food Supply Chains: Definition and Typology of Electronic Business Models [J]. International Journal of Logistics: Research and Applications, 2002, 5 (2): 119-138.

[165] Vander haar J. W., et al.. Creating Value that Cannot Be Copied [J]. Industrial Marketing Management, 2001, 30 (8): 627-636.

[166] Verganti R., Buganza T.. Design Inertia: Designing for Life-cycle Flexibility in Internet-based Services [J]. Journal of Product Innovation Management, 2005, 22 (3): 223-237.

[167] Von Hippel E.. Lead Users: A Source of Novel Product Concepts [J]. Management Science, 1986, 32 (7): 791-805.

[168] Vuuren J. V., Wörgötter N.. Market Driving Behaviour in Organisations: Antecedents and Outcomes [J]. South African Journal of Economic and Management Sciences, 2013, 16 (2): 115-141.

[169] Vargo S. L. , Lusch R. F. . Evolving to a New Dominant Logic for Marketing [J] . Journal of Marketing, 2004, 68 (1): 1 – 17.

[170] Webb D. , Webster C. , Krepapa A. . An Exploration of the Meaning and Outcomes of a Customer-defined Market Orientation [J]. Journal of Business Research, 2000, 48 (2): 101 – 112.

[171] Webb J. W. , et al. . Where Is the Opportunity without the Customer? An Integration of Marketing Activities, the Entrepreneurship Process, and Institutional Theory [J]. Journal of the Academy of Marketing Science, 2010, 39 (4): 537 – 554.

[172] Webster F. E. . Rediscovering the Marketing Concept [J]. Business Horizons, 1988, 31 (5 – 6): 29 – 39.

[173] Wedel M. , Kamakura W. A. , Bockenholt U. . Marketing Data, Models and Decisions [J]. International Journal of Research in Marketing, 2000, 17 (2 – 3): 203 – 208.

[174] Wernerfelt B. . A Resource-Based View of the Firm [J]. Strategic Management Journal, 1984, 5 (2): 171 – 180.

[175] Williamson O. E. . Markets and Hierarchies: Analysis and Antitrust Implications [M]. New York: The Free Press, 1975.

[176] Wright J. . One-sided Logic in Two-sided Markets [J]. Review of Network Economics, 2004, 3 (1): 44 – 64.

[177] Yadav M. S. , Prabhu J. C. , Chandy R. K. . Managing the Future: CEO Attention and Innovation Outcomes [J]. Journal of Marketing, 2007, 71 (10): 84 – 101.

[178] Yin R. K. . Case Study Research-Design and Methods [M] . Thousand Oaks, CA: Sage, 1981.

[179] Woodruff R. B. . Customer Value: The Next Source for Competitive Advantage [J] . Journal of the Academy of Marketing Science, 1997, 25 (2): 139 – 153.

后 记

本书是在大连理工大学董大海教授的指导和帮助下完成的,正是在恩师的支持和帮助下,本书才得以最终完成并与各位读者见面。感谢授业恩师董大海教授,在我想读书的时候,恩师以博大的胸怀,不计社会地位接纳我,给我宝贵的入门学习机会;在我想从教的时候,恩师以不懈的努力,推荐我从一名企业中层管理人员转型为高校教师;在我从事科研的时候,恩师以严谨的逻辑和卓绝的智慧引导我逐步摸到科学研究的大门……恩师开放的胸襟、深邃的思想、严谨的治学的态度让学生受益终身。恩师的帮助、传道、授业、解惑,学生将永记心间。

本书的三个核心研究发现是本人博士学位论文的重要研究成果,在此感谢本人就读博士期间大连理工大学诸位老师的指导,谢谢你们在论文开题、中期和预答辩、答辩等过程中善意、犀利、中肯的意见和建议,正是你们的帮助和指导,本书的研究发现才逐步趋于完善。

感谢大连海事大学提供的从教机会,感谢中国大连高级经理学院提供的博士后研究机会,感谢辽宁能源投资集团各位领导和前同事的关爱,感谢大连理工大学诸位老师和同门的指导与帮助,真诚地感谢生命里每一个相遇、相逢、相知、相伴抑或微笑而过的朋友……

感谢我的妻子、父亲、母亲、岳父、岳母!你们是我坚强的后盾、避风的港湾。谢谢你们的支持,容忍我为了所谓的理想所做出的种种不合常规之举;谢谢你们的鼓励,分担我求学中的苦恼、承受我失败时的泪水、分享我成功后的喜悦……

最后，谨以此书献给我可爱的女儿，愿你观察、发现、思考、健康、快乐、幸福！

本人自知才疏学浅、见识有限，书中不免疏漏之处。恳请社会各界、同行学者对本书的浅薄之见不吝赐教。